北京农学院农产品品牌建设与保护团队
现代农业技术体系北京家禽创新团队　资助
北 京 新 农 村 建 设 研 究 基 地

农产品贸易案例分析

李 华　陈跃雪　主编

中国农业出版社

编　写　人　员

主　编　李　华　陈跃雪

副主编　严继超　郑春慧

编　者　（按拼音排序）

陈景研　范姣姣　李玉磊

孙　扬　张城恺　张潇予

前　言

中国作为拥有13亿人口的农业大国，农产品贸易影响着人们每一天的生活和生产，从地域上看有农产品国内贸易和农产品国际贸易；从世界经济一体化的发展看，中国的农产品贸易正通过自身进出口规模的快速扩大，影响着全球农产品的供给和需求。因此，对农产品贸易的理论和实践进行深入研究，从中提取典型案例分析解剖，将有助于我们充分利用国内外两种资源和两个市场，增强中国农产品贸易的竞争实力，提升人们的生活质量。

全书共6章，主要包括理论、实践中的案例和案例分析。第一章主要介绍了农产品市场和农产品营销的基本知识，电子商务模式、网络营销类型、农产品B2B电子商务平台和农产品网络营销发展趋势。第二章主要结合农产品实体营销和网络营销的实际，通过案例解析了绿色营销、概念营销、原产地营销、事件营销、品牌营销和农场模式营销等实体营销方法，并通过3个案例解析了以全产业链、冷链物流和大数据管理为优势的农产品网络营销方法。第三章主要介绍了农产品国际贸易的主要分类，包括联合国国际贸易标准分类目录中的农产品、WTO农产品分类、世界海关组织制定的《商品名称及编码协调制度》中的农产品分类；丝绸之路发展中的农产品国际贸易案例选取了对日农产品出口和上海自由贸易试验区中的案例进行分析。第四章主要介绍了区域经济一体化的形式和类型、东盟及东盟自由贸易区、欧盟及欧盟的共同农业政策、北美自由贸易区，并选取其中相关的农产品贸易案例进行分析。第五章主要介绍了中国农产品品牌的基本概况、农产品品牌分类、中国农产品品牌发展特点、农产品品牌发展中存在的问题，最后给出应对这些问题的策略。第六章选取广东省德庆县打造极品贡柑品牌、北京市峪口禽业有限公司对品牌的不懈追求、“咯咯哒”的成功之道、山东平度市农产品“三品”发展之路、海南文昌鸡成功打造行业品牌、吉林省重树人参品牌的经典案例进行分析。

本书由李华和陈跃雪负责主编统稿，严继超和郑春慧副主编。参加编写人员分工如下，第一章严继超、孙扬；第二章严继超、范姣姣、张潇予、孙扬；第三章陈跃雪；第四章郑春慧；第五章李华、李玉磊；第六章李华、陈景研、张城恺。本书得到现代农业产业技术体系北京市家禽创新团队、北京农学院农产品品牌建设与保护创新团队及北京新农村建设研究基地的资助，本书的出版也得到编者所在的北京农学院的大力支持，在此一并感谢！

编　者

2015年4月

目 录

前言

第一章 农产品市场与营销 …… 1

第一节 农产品市场 …… 1

一、农产品市场特征 …… 1

二、农产品市场存在的问题 …… 5

三、农产品消费特征 …… 7

四、农产品流通模式 …… 9

五、农产品市场发展趋势 …… 11

第二节 农产品电子商务与网络营销 …… 12

一、电子商务模式 …… 12

二、农产品 B2B 电子商务平台 …… 15

三、农产品电子商务发展趋势 …… 22

四、网络营销类型 …… 30

五、农产品网络营销发展趋势 …… 35

第二章 农产品营销典型案例分析 …… 40

第一节 农产品实体营销案例分析 …… 40

一、绿色营销 …… 40

二、概念营销 …… 46

三、原产地营销 …… 50

四、事件营销 …… 54

五、品牌营销 …………………………………………… 56
六、农场模式营销 ………………………………………… 58
第二节 农产品网络营销案例分析 ……………………… 60
一、以全产业链为核心的网络营销 …………………… 61
二、以冷链物流为核心的网络营销 …………………… 65
三、以大数据管理为核心的网络营销 ………………… 72

第三章 丝绸之路发展中的农产品国际贸易案例分析 ……… 79

第一节 农产品国际贸易分类和常用分析指标 ………… 79
一、农产品国际贸易分类 ……………………………… 80
二、农产品国际贸易的常用分析指标 ………………… 84
第二节 丝绸之路及案例分析 ………………………… 90
一、丝绸之路简介 …………………………………… 90
二、丝绸之路发展中的对日农产品出口案例分析 …… 92
第三节 上海自由贸易试验区及案例分析 …………… 102
一、上海自由贸易试验区 …………………………… 102
二、上海自由贸易试验区案例分析 ………………… 105

第四章 区域经济一体化中的农产品国际贸易案例分析 ……… 111

第一节 区域经济一体化的形式和类型 ……………… 111
一、区域经济一体化的发展历程 …………………… 111
二、区域经济一体化的不同形式 …………………… 115
第二节 东盟自由贸易区及案例分析 ………………… 118
一、东盟自由贸易区 ………………………………… 118
二、东盟自由贸易区案例分析 ……………………… 120
三、发展中国家的经济一体化理论
——综合发展战略理论 …………………………… 123
第三节 欧盟的贸易状况及案例分析 ………………… 125
一、欧盟及欧盟的农业贸易政策 …………………… 125
二、欧盟农产品贸易案例分析 ……………………… 128

三、经济一体化理论中的协议性国际分工理论 …………… 136
第四节　北美自由贸易区及案例分析 …………………………… 137
一、北美自由贸易区 ……………………………………………… 137
二、北美自由贸易区案例分析 ………………………………… 139
三、经济一体化理论中的贸易创造和贸易转移效应 ……… 143

第五章　农产品品牌概况 ……………………………………………… 146

第一节　农产品品牌的主要分类 ………………………………… 146
一、农产品的概念 ………………………………………………… 146
二、中国的主要农产品分类 …………………………………… 149
三、农产品品牌分类 ……………………………………………… 162
第二节　我国农产品品牌发展概况 ……………………………… 163
一、我国农产品品牌发展阶段 ………………………………… 163
二、我国农产品区域品牌发展概况 ………………………… 164
三、我国农产品地理标志发展概况 ………………………… 169
四、农产品品牌发展中存在的问题 ………………………… 175

第六章　农产品品牌经典案例 ………………………………………… 179

第一节　广东省德庆县打造极品贡柑品牌 ……………………… 179
一、案例概述 ……………………………………………………… 179
二、案例分析 ……………………………………………………… 180
第二节　北京市峪口禽业有限公司对品牌的不懈追求 ……… 181
一、案例概述 ……………………………………………………… 181
二、案例分析 ……………………………………………………… 182
第三节　“咯咯哒”的成功之道 ………………………………… 186
一、案例概述 ……………………………………………………… 186
二、案例分析 ……………………………………………………… 186
第四节　山东平度市农产品“三品”发展之路 ……………… 189
一、案例概述 ……………………………………………………… 189
二、案例分析 ……………………………………………………… 189

第五节　海南文昌鸡成功打造行业品牌 …………………………… 191
一、案例概述 …………………………………………………… 191
二、案例分析 …………………………………………………… 191
第六节　吉林省重树人参品牌的经典案例 ……………………… 192
一、案例概述 …………………………………………………… 192
二、案例分析 …………………………………………………… 193

第一章 》》》

农产品市场与营销

> **内容提示**：本章主要讲述了农产品市场和农产品营销的基本知识。首先介绍了农产品市场，包括农产品市场特征、农产品市场存在的问题、农产品消费特征、农产品流通模式以及农产品市场发展趋势。其次介绍了农产品电子商务与网络营销，包括电子商务模式、农产品 B2B 电子商务平台、农产品电子商务发展趋势、网络营销类型、农产品网络营销发展趋势。

第一节　农产品市场

广义的农产品市场是指农产品流通领域交换关系的总和。它不仅包括具体的农产品市场，还包括农产品交换中的各种经济关系，如农产品交换的原则和交换方式，人们在交换中的地位、作用和相互关系，农产品流通渠道和流通环节，农产品供给与需求的宏观调控等。[①] 狭义的农产品市场是指进行农产品所有权交换的具体场所。

一、农产品市场特征

（一）农产品特征

冯忠泽等（2008）研究表明，农产品具有消费时限性、难标准

---

① 雷海章．现代农业经济学［M］．北京：中国农业出版社，2003.

化性、质量隐匿性、效用滞后性、价格有限性和测定毁灭性等特征[①]。

1. 消费时限性

由于农业生产过程依赖于自然的光合作用过程和植物生命周期过程，它的直接产品都是具有生命力的碳水化合物，易于腐败、不易保存，具有一定的消费时限性。蔬菜、水果一旦采摘收获如不及时消费，几天、几个星期之后产品就会腐败、变质，失去原有的使用价值。即便是小麦、大米等储存时间比较长的农产品，超过一定的时间之后，也会腐败、变质。

农产品消费的时限性，使生产者在价格博弈中处于不利地位。工业品易于保存，生产者不会因保质期而急于售出商品，因此在与消费者的价格博弈中，与消费者拥有相等的价格决定的主动权。农产品生产者由于受保质期的限制，出售产品压力增加，精明的消费者也会利用生产者急于出售的心理压力，最大幅度地压低产品价格。另外，农产品容易腐败的特点不利于生产者通过排队的方式，解决市场局部非均衡问题。由于农产品的生产周期长，而且易于腐败，如果大量储存这些产品不仅保存费用高昂，而且技术上也存在相当大的困难。

2. 难标准化性

工业品可以根据标准化的设计方案，并通过标准化与系列化的模具、夹具等定型而成，因此工业产品一般都具有标准化、系列化的特征。而农产品的生产依赖于自然的光照、土壤条件、养分以及养分在整个木本（草本）中的分布，因此它的制成品，从客观上相对工业品难于标准化，有大小、长短、轻重之分，存在成分、色泽、质地的不同。同时由于农产品的生产过程标准化程度低，产品质量也就更加难以控制。

① 冯忠泽，等．我国农产品及农产品市场特点分析［J］．中国农学通报，2008(9).

3. 质量隐匿性

与工业产品不同，农产品除了外观品质（如大小、颜色、新鲜度等）可以直接观察到以外，有关营养品质与卫生品质的信息都不能直接获得。尽管化学分析手段可以满足这一需求，但消费者支付这种分析的成本昂贵且不便捷。工业品如彩电的内在质量（如清晰度、灵敏度等）和空调的内在质量（如制冷能力、噪声大小等）可以通过购前试用得到检验；而农产品的内在品质（如农药残留、硝酸盐含量等）即使在购前品尝也难以判断。农产品质量的这种隐匿性一方面使消费者不能获得有关产品质量的完全信息，而消费者要获得完全信息，必须支付高昂的成本；另一方面，使生产者容易产生“偷懒”行为，在为确保产品质量而必需的投入上打折扣。

4. 效用滞后性

普通商品的使用效果大多可以迅速显现，但农产品食用后的营养或保健效果往往需要若干年才可能显现。一般认为，食用被有毒物质或致癌物质污染的食品会产生慢性致病效果，这种致病效果有相当的滞后期，以至于消费者不能确认是否是食品污染所致。即使是有些食品传播的急性疾病发作，一些消费者也难以确认这种疾病真的与食品污染有关。安全农产品食用效果的滞后性和不确定性，导致消费者对安全农产品的偏好降低，影响消费者行为；同时，也可能会使生产者放松对农产品有害物和污染物的控制。

5. 价格有限性

农业比较效益远远低于其他产业，这是由农业生产与再生产的特点决定的。农产品生产与再生产的一个重要特点，就是经济再生产与自然再生产交织在一起。农产品生产期间，不仅包括劳动持续的时间，而且包括劳动时间以外自然力独立发生作用的时间。由于无需人类支出分文的无偿自然力在农产品生产过程中的作用是不可估量的，从这个意义上说，农产品的物质（使用价值）的生产率，要比其他非农产品高得多。根据马克思主义的观点，只有活劳动时间才创造价值和剩余价值，所以，从这方面看，农业比其他产业部门（价值生产）的生产效率低。同时，农产品的价格也远低于其他产品的价格。由于农产品属于上游产品，农产品价格的提高总会带动以农产品为原料的工业品的价格上涨，结果无论怎样提高农产品价格，经过工农产品价格的轮番涨价后，农产品价格依然处于底部。

6. 测定毁灭性

如要确切了解农产品某方面的特性，需要对其进行物理化学分析，而农产品的取样分析不同于工业产品，农产品的取样都是毁灭性取样。彩电的内在质量（如清晰度、灵敏度等）和空调的内在质量（如制冷能力、噪声大小等）可以通过购前试用或者仪器检测得到检验，在进行完试用或者检测后，产品还是具有使用价值的。如果想获得农产品的农药残留量等质量安全性质时，对农产品样品的测定是具有毁灭性的，也就是说测定完成以后，样品也就失去了其使用价值。

（二）农产品市场特征

李崇光（2010）总结出了农产品市场的三个基本特征[①]：

1. 供给的季节性和周期性

农业生产的主要对象是有生命的动植物，而动植物的生产受到自身生长发育规律以及外部环境的影响，农业生产从投入到产出往往需要较长的时间，其产出的时间基本是固定的，具有季节性，因而某种特定农产品的上市时间是固定的，农产品的市场随之也具有季节性。农产品生产呈现出淡旺季、大年小年的规律，因此农产品市场具有一定的周期性。

2. 市场风险性

农业生产受自然环境影响较大，不可控的因素较多，相对其他产业，农业生产具有较大的自然风险。同时，农产品是具有生命的生物有机体，其在运输、储存、销售中容易发生腐烂、霉变和病虫害，因此其产品存在的较大运营风险。

3. 现代化与传统型市场并存性

中国幅员辽阔，各地区经济发展水平差异较大。目前我国既有

---

① 李崇光．农产品营销学（第2版）[M]．北京：高等教育出版社，2010.

现代化的市场也有传统小型的分散化市场。在经济发达地区，农产品市场体系健全，市场规模大，基础设施完善，交易条件优越，交易方式先进。在广大欠发达地区，农产品市场则采取了适合当地的“马路市场”和“扁担市场”，市场规模狭小，交易条件和交易手段落后。

二、农产品市场存在的问题

我国农产品市场建设是伴随着市场经济体制的逐步建立而呈渐进式发展态势，并受农产品政策的直接影响。总体上看，我国农产品市场和交易形式多样，规范化市场和非规范化市场同时并存，农产品等级管理和包装标识程度低，农产品市场质量安全规制难度大。冯忠泽等（2008）研究表明，农产品市场主要存在四个方面的问题①：

（一）农产品质量规格等级差异大，标准化程度低

由于生产方式、初加工工艺、历史习惯的沿袭和农产品自身的特点等原因，我国农产品基本上以原料和散装形式上市交易，即优劣混杂，大小不分，含有杂质，无包装或大袋包装。因此难以用标准来区分质量和等级，即使有等级，其同等级的质量相差也甚远。当前，我国现有农产品质量等级规格标准，仍然停留在计划经济时期为统一收购而制定的粮食、油料等4～5类产品。近年来，我国政府开始重视等级规格标准的制定。2006年，农业部制定并发布了番茄、蒜薹、青花菜、大白菜、辣椒和莴苣6种蔬菜的等级规格标准。在交易市场，大包装无法鉴定内部商品质量，小商小贩只能凭运气购买；大包装的装运过程粗放，易造成商品破损和质量下降。另外由于散包装或大包装，难以标识产品名称、产地、生产日期、产品等级等产品信息。因此，造成产品信息传递失灵，导致农产品市场信息不对称。从整体上看，我国农产品质量规格等级差异

① 冯忠泽，等．我国农产品及农产品市场特点分析［J］．中国农学通报，2008（9）．

大，标准化程度低。

（二）农产品市场及交易方式众多，规模化程度低

据商务部调查统计，截至2013年年底，全国共有农产品批发市场4 476家，年成交总额37 414.4亿元，同比增长18.6%；年成交量78 138.7万吨，同比增长9.5%；市场总摊位数246.8万个，同比增长11.7%，其中固定摊位170.7万个，非固定摊位75.1万个；总交易面积15 268.5万平方米，同比增长12.5%，其中交易厅棚面积9 623.4万平方米，露天交易面积5 644.1万平方米；经销商共计213.9万个，同比增长7.8%，从业人员646.4万人，同比增长9.1%。据国家统计局统计，2013年，年交易额亿元以上农产品批发市场为1 759家。

另外，我国农产品交易形式还存在大量的非规范化市场和规范化非实体市场等形式，包括农村集市、马路摊点、沿街叫卖等。由于场所众多、交易方式众多，规模化程度低，且在各地区发展不平衡，增加了政府在农产品市场准入规制中的难度。

（三）市场参与主体多元化，组织化程度低

在美国、加拿大等发达国家，农产品市场参与主体以食品加工企业、农场和农民协会为主，整体质量安全控制能力较强。而我国农产品市场参与主体众多，包括初加工企业、农民专业合作组织、农产品经纪人和农户等多种参与主体。截至2014年6月底，全国农民专业合作社已达约116万家，实有成员8 000多万户，占农户总数的比例超过30%①。平均每个合作社仅覆盖69个农户，如此小规模的合作社，在帮助小农户对接大市场时缺乏实质意义。同时，全国2.4亿个农户也是农产品市场的主要参与主体。如此众多的市场参与主体，各种参与主体的水平、能力和素质差异很大，除少部分龙头企业、合作经济组织外，大部分市场参与主体组织化程度低，不具备完善的质量安全控制能力，给农产品质量安全规制带

① 孟庆伟，方辉．9部委联合监管农村合作社年报将公开［N］．中国经营报，2014-09-20.

来了巨大的困难。

（四）农产品经营主体质量安全控制能力不足，自律性较差

除大型规范化农产品市场和超市外，大部分农产品市场经营主体在储运、销售等环节等不具备冷链管理、关键环节控制等必备设施，农产品质量安全难以得到保证。在产品检验检测方面，大多市场没有配备质量控制人员、检验检测仪器和设备；在环境方面，大多农产品市场呈现“乱、小、散、脏”等特点，容易造成农产品的二次污染。农产品经营主体软硬件设施的缺乏，导致农产品经营主体质量安全控制能力不足。同时，由于缺乏行业协会约束或行业协会未能充分发挥作用，导致农产品经营主体普遍自律性不足。

近年来，政府开始重视农产品市场建设和质量安全服务，全国大部分县都建立了农业信息局域网，开通了农产品供求信息全国“一站通”系统，市场信息服务得到强化。但是，农产品质量安全管理信息尚未公开透明。一方面，市场经营主体和参与者难以及时了解政府的指令和技术法规和市场供需信息；另一方面，由于信息服务的缺失，导致消费者难以了解市场质量安全动态和产品质量安全信息，造成对安全农产品的消费信心不足。同时，由于信息不畅，在农产品市场规制过程中，监管部门效率不能得到发挥，不能有效促进良性市场机制的建立。

三、农产品消费特征

从 1978—2010 年，我国居民食品消费模式经历了一个从生存型到数量型再到质量型的过程。改革开放以后，随着经济迅速发展居民收入水平有了很大的提高，居民家庭农产品消费模式也发生了很大的变化，但城乡居民收入存在着巨大的差距。以 2010 年为例，城镇居民家庭人均可支配收入为 19 109.4 元，而农村居民家庭人均纯收入为 5 919 元，仅为城镇居民家庭人均收入的 30%。此外，城乡之间还存在着消费环境、消费偏好等因素差异，这就使得城乡居民食物消费水平和消费结构存在明显不同。因此，分析我国居民食品消费模式必须充分考虑城乡二元结构的特点。我国城乡居民农

产品消费模式具有三个方面的特征[①]：

（一）消费水平特征

从消费水平上看，城镇居民人均食品消费支出增长大于农村，城乡消费水平差距有扩大趋势。以价值量为衡量标准，我国居民人均食品消费支出逐年增加，但恩格尔系数明显下降。城乡消费水平差距较大，消费支出差距有扩大趋势。以2000年为基期，去除消费价格指数的影响，2010年，城镇居民食品消费支出增长了139.6%，农村居民食品消费支出增长了111.6%，2000年城乡居民食品消费支出比为2.39，到了2010年，城乡居民食品消费支出比为2.70，呈扩大趋势。说明进入新世纪后我国经济发展迅速，我国居民人均食品消费支出增加，但由于城市化发展的加快，城镇增长速度高于农村增长速度，拉大了城乡消费水平的差距。

（二）消费结构特征

从消费结构上看，城镇居民农产品消费结构呈现多样性，而农村居民消费结构仍是以粮食消费为主的单一消费结构。从2010年我国城乡居民家庭蔬菜、粮食、肉类三大类农产品的实物消费量所占比例看，城镇居民鲜菜占33.89%、粮食占23.80%、肉禽及其制品占10.13%，农村居民依次是粮食占55.36%、蔬菜占28.46%、肉禽及制品占6.76%。城镇居民动物性农产品（包括蛋奶）的消费比重为22%，农村居民不足11%，农村居民的粮食消费依然占据总量的“半壁江山”，且消费结构相对单一。

（三）营养摄入特征

从营养摄入情况看，人均热量、蛋白质和脂肪的摄入量逐渐增加，来自植物的碳水化合物摄入量开始减少到逐渐趋于稳定，从动物性农产品摄入的营养量比重逐渐增加，表现为肉类消费显著增加。1990—2008年间我国居民人均摄取热量从10 784千焦增加到12 498千焦，人均蛋白质和脂肪的摄入量及提供热量比明显上升。

① 黄明欣，等．我国居民农产品消费模式及与日英的比较研究——基于低碳的视角［J］．食品研究与开发，2014（18）．

动物性农产品提供蛋白质和脂肪分别从 1990 年的每人每天 13.7 克和 24.3 克增加到 2007 年的 31.8 克和 47.4 克。

四、农产品流通模式

（一）农产品批发市场类型

1. 官办批发市场和民办批发市场

按照形成方式上划分，我国的批发市场可分为两大类，一类是由政府有关部门参照国外经验进行规范设计而建立起来的批发市场，我们称之为官办的批发市场。另一类是在城乡集市贸易基础上自发形成，有关部门加以选择、引导、规划、建设而成的批发市场，我们称之为民办批发市场。

2. 产地批发市场、集散地批发市场和销地批发市场

按照批发市场所服务的地域特点划分，可以分为产地批发市场、集散地批发市场和销地批发市场。产地批发市场是指批发市场上买卖的产品是本地所产，进入批发市场的主要是农户、经济合作社组织、农村经纪人以及批发商等。集散地批发市场是指处于交通枢纽地或传统的集散中心，起着连接产地和销地的中转站作用的市场。销地批发市场则是与消费者最接近的市场，多位于城市的边缘或城市内部，进入市场的主要有批发商和消费者等。

3. 综合批发市场和专业批发市场

根据批发市场内经营的商品范围划分，可分为综合批发市场和专业批发市场。综合批发市场指市场内部买卖多种商品，而各种商品之间关系不大。专业批发市场则是指市场内只经营一种商品或一类商品。

（二）农产品流通模式

我国农产品的主要流通模式可归纳为六种，除了主要流通模式外，近年来发展出一些创新的流通模式，这些创新的流通模式可归纳为五种（卢瑞雪等，2013）[①]。

---

① 卢瑞雪，刘瑞涵，卢海军．蔬菜流通模式的研究进展［J］．商场现代化，2013（23）．

1. 我国农产品主要流通模式

（1）农户/合作社/基地—批发商—消费地批发市场—消费者。

（2）农户/合作社/基地—批发商—产地或消费地批发市场—零售终端—消费者。

（3）合作社/基地—加工、配送企业—零售终端—消费者。

（4）合作社/基地—零售终端（超市/便利店）—消费者。

（5）合作社/基地—企事业单位食堂/餐饮企业。

（6）合作社/基地—消费者（网络订购/电话订购/采摘）。

2. 我国农产品创新流通模式

（1）“农超对接”模式。2008年12月我国正式启动“农超对接”试点工作，“农超对接”开始受到学者关注。“农超对接”现有模式主要有“农户＋农民专业合作社＋超市”“农户＋基地＋超市”“农户＋农业产业化龙头企业＋超市”三种类型。

（2）“农校对接”模式。2009年12月教育部、农业部、商务部联手启动“农校对接”模式。这种模式成为高校后勤部门降低食堂采购成本，确保学校食品安全和实现师生受益的战略选择。

（3）“农餐对接”模式。“农餐对接”模式细分为“农户＋专业化农业企业＋餐饮企业”“农户＋农民专业合作社＋餐饮企业”“农户＋农场＋餐饮企业”三种类型。

（4）“农宅对接”模式。“农宅对接”蔬菜流通模式是一种客户通过互联网订购蔬菜，生产基地按照订单采摘，并在短时间内完成配送的销售模式。

（5）“农社对接”模式。“农社对接”模式下，蔬菜生产合作社在城市社区设立直销点或直销店，开展蔬菜直销活动。该模式类似于“农宅对接”，但类型更加丰富，主要包括社区菜店（点）、车载市场、高端配送、综合直营店四种类型。

（三）农产品交易方式

一般来说，农产品交易方式可以分为对手交易和拍卖交易两种。

1. 对手交易

对手交易是指买卖双方面对面的议价交易，是一种传统的产品交易形式，也称"集贸式交易"。其特点是交易灵活，对产品质量没有统一要求，但交易成本高、成交效率低、议价过程十分耗时。目前在我国农产品的流通中最常见的还是对手交易方式。

2. 拍卖交易

拍卖交易也是一种重要的交易方式，它是指卖方以公开竞价方式在众多的买方中，选定最高报价者并与之缔约的买卖方式。其特点是产品信息完全公开，买方和卖方处于公平平等的地位上，可以降低交易费用，提高交易效率。但是，这种交易方式对市场体制、配套设施、管理水平等要求较高。批发市场拍卖机制在荷兰、日本、韩国比较常见。在我国，拍卖交易方式尚处在试验探索阶段。

五、农产品市场发展趋势

就我国农产品市场特点来看，至少有五个加工领域具备很好的发展前景和投资机会①。

（一）粮油加工领域

粮油加工领域的优质稻谷精加工及稻壳、米糠综合利用；小麦分层碾磨技术；高油玉米、优质蛋白玉米等新品种的培育与开发；玉米淀粉的深度开发利用等都有巨大的市场机会。

（二）肉类加工领域

肉类加工业的大型企业的肉制品生产设备要向连续化、自动化、大批量操作及近似无菌加工的技术方向发展。冷却肉的生产供应、低温肉制品和生物发酵制品的研发和生产与分销技术的结合是未来的突破方向。

（三）奶类加工领域

奶类加工业的综合保鲜技术、强化营养产品开发、良种奶牛的

---

① 我国农产品市场特点和发展趋势［EB/OL］. http：//www. foods1. com/content/20166/，2004-11-04.

繁育等成为竞争焦点。

（四）果蔬加工领域

果蔬加工方面，冷冻干燥技术、微波技术、超微粉碎技术、膜分离技术、自动化控制技术、生物工程技术等高新技术的研究、应用、推广及相应设备的研制工作，是提高果蔬深加工技术的水平的关键。

（五）水产品市场

水产品市场是非常重要的国际贸易领域。水产品冷链设施的技术改造；淡水鱼加工综合利用、海水中上层鱼类加工、贝类产品净化及加工等技术；生物技术在水产加工领域的应用；开发多样化和个性化的水产食品等等都蕴藏着巨大的市场机会。

第二节　农产品电子商务与网络营销

一、电子商务模式

（一）电子商务内涵

电子商务是指采用电子或电子技术，以商务为核心，将传统意义上的销售转移到以互联网为平台的销售模式。买卖双方不必谋面就可以通过网络银行或其他支付平台交易，实现网上购物，进而突破地域的限制。

（二）电子商务模式

电子商务主要有七种存在模式：B2B、B2C、C2C、B2M、M2C、B2A（B2G）、C2A（C2G）①。

1. B2B

全称 Business to Business，意指企业与企业之间通过互联网平台进行交易。比较典型的电子商务网站有阿里巴巴、慧聪网、中国

① 李华，牛芗洁．农产品电子商务与网络营销［M］．北京：中国农业出版社，2014.

114 黄页网等，如图 1-1 为阿里巴巴的截图。

图 1-1　阿里巴巴截图

资料来源：http：//www. 1688. com.

通过 B2B 平台，商家之间能轻松地发布产品或查询信息，进行进货、销售、批发等交易。整个交易流程都通过网络进行，极大地方便了企业之间的信息、交流和产品流通。

2. B2C

全称是 Business to Cusumer，是指商家与顾客之间通过网络进行交易的电子商务平台。B2C 平台服务商在给商家带去消费群的同时，也为商家和消费者提供了服务，促进了公正公平交易的开展。典型的 B2C 模式电子商务平台有淘宝商城、麦考林购物、当当网、京东商城等，如图 1-2、图 1-3 所示。

淘宝网成立于 2003 年 5 月 10 日，由阿里巴巴集团投资创办，最初定位于 C2C。在用户稳定以后，淘宝于 2008 年推出了淘宝商城，属于典型的 B2C。目前淘宝的大卖家都集中于淘宝商城。

3. C2C

全称为 Consumer to Consumer，是指个人与个人之间的电子商务。C2C 的典型的商务模式是百度 C2C、淘宝网、拍拍网等。

图 1-2　淘宝截图

资料来源：http：//www. taobao. com.

图 1-3　淘宝商城（天猫）截图

资料来源 http：//www. tmall. com.

4. B2M

这是一种全新的电子商务模式，有两种模式都称为 B2M，一种是 Business to Manager，所面向的受众群体是职业经理人，企业通过网络平台发布产品和服务，职业经理人为企业服务，获得佣金；另一种是 Business to Marketing，通过互联网和各种渠道使站点成为企业的重要营销渠道。

5. M2C

全称为 Manager to Consumer，是职业经理人通过网络将服务或产品卖给消费者，在这一环节中，不再是企业面向消费者，而是由职业经理人为企业操作。

6. B2A

全称为 Business to Administrations，指的是企业与政府机构之间进行的电子商务活动。例如，政府有采购的计划，在互联网上将细节进行公布，并通过指定的互联网平台进行竞价招标，竞标的企业也是通过互联网进行投标，最终通过公平公正的方式决定最终优胜者。

7. C2A

全称为 Consumer to Administration，指的是政府对个人的电子商务活动。

二、农产品 B2B 电子商务平台

电子商务是和传统的商务形式相对应的一种全新商业模式。从商业角度来看，电子商务包含 B2C、B2B 等多种电子商务模式类型。从全球电子商务市场交易份额看，B2B 电子商务占 80％以上的份额，是电子商务的主流业务模式。

B2B 的电子商务模式反映的是企业与企业之间通过专用网络或者因特网进行数据信息传递，开展商务活动的运行模式，主要包括企业与其供应商之间的采购；物料管理人员与仓储、物流公司的业务协调；销售部门与其产品批发商、零售商之间的协调等。B2B 电子商务通过互联网将企业与供应链上下游紧密结合起来，实现无缝的业务流程网络和协作机制，通过网络的快速反应，为客户提供更好的服务，从而促进企业的业务发展，大幅度提升企业的生产和经营效率。

第三方 B2B 电子商务交易平台，即平台本身不参与企业交易，而是为交易活动中买卖双方企业提供信息发布、贸易磋商或在线交易服务的平台供应商。整体而言，B2B电子商务平台为企业所提供的主要是信息服务和交易服务。对于农产品生产加工企业，可直接依托第三方B2B平台实施农产品的电子商务。该平台依托第三方，故作为农产品销售企业而言，应侧重于营销策略等建设内容。农产品销售电子商务网站的建立、应用和日常维护，对于资金丰厚的农业企业而言，是一笔日常的投资，但对于刚刚起步的小公司、小企业或者单个的农户而言却有些不堪重负，因此需要互联网企业、政府网站，或者合作组织等第三方组织为其提供了一个展示的舞台，充分利用这个第三方农产品销售平台，实现自己产品的网上信息传递和销售。

李华和牛芗洁（2014）① 的研究成果，对农产品B2B运行通用模式进行了以下阐述。

（一）政府部门建立的农业电子商务网站

1. 综合类政府电子商务网站

如图1-4所示，中国农业信息网（http：//www.agri.gov.cn/），是由农业部主办的政府网站，是为“三农”提供信息服务的重要载体和推进农业信息化的重要依托，涉及了众多农业信息要点，涵盖了农业的各个方面。

中国农业信息网是多网站组合而成的，每个版块可以看成是相对独立的网站，例如，点击纵向专业网站版块，链接到的每一个站点都是独立的部门网站，种植业的网站网址是http：//zzys.agri.gov.cn/（中国种植业信息网）；乡镇企业的网址是http：//www.cte.gov.cn/（中国乡镇企业信息网）；农产品供求链接到的是http：//www.agrisd.gov.cn/（中国农产品供求信息网）等。这些版块链接中着重介绍的是本行业的政策动向、存在问题、突出成就以及形势预测等。中国农业信息网提供的网站链接还有按省、

① 李华，牛芗洁．农产品电子商务与网络营销［M］．北京：中国农业出版社，2014.

图 1-4　中国农业信息网主页

资料来源：http：//www.agri.gov.cn.

市、地区划分的各地区级政府部门网站，突出了综合性农业网站的特点，为访问者提供尽可能多的可链接网站。

综合类网站信息全面，为访问者提供大体的政策性、指导性的建议、导向。横向版块主要是农业部公布的部分统计数字、市场行情、分析预测、政府的日常工作、信访、价格走向等，为访问者提供基本的信息参考。

2. 专业类政府电子商务网站

与综合类网站侧重不同，专业性网站设计面窄，仅限于研究本领域内的生产、销售情况，从而能够做到专业性强、重点突出、信息更新快速、信息有效性高等。

中国寿光蔬菜网（http：//www.shucai001.com/）成立于2008年，是一家面向全球提供蔬菜产品信息的大型B2B贸易平台，涵盖了蔬菜产品供求、行业资讯、技术服务、专业会展等网络信息，进而引领农业信息化、服务农业产业。中国寿光蔬菜网采用的是会员模式，只有会员才能享受发布供求信息的服务。该网也为会员设定了会员等级和指数评价，用来评价会员信用的高低。

（二）互联网企业型第三方电子商务平台

1. 阿里巴巴网站

阿里巴巴是B2B型商务平台，所从事交易的双方多是有规模的中小企业，较之分散产品生产，阿里的农产品销售者也可以是组织起来的合作社、联合的市场等，他们在应季产品出现，在某产品销售结束而解散，能够在特定时间里有效的利用有限的资源，合理的利用第三方的优势，提升自己的价值。值得一提的是，阿里巴巴为用户提供了比较友好的界面，稍有计算机知识的人就可以实现农产品的信息发布和网上交易，交易流程分为注册—发布信息—达成订单—交易支付—物流配送—交易完成。

阿里巴巴网站提供的网上交易版块有工业品、消费品、原材料、商业服务。在原材料中设立了农业、粮食、蔬菜、瓜果、牲畜、水产品等部分，不仅包含农业机械亦有生鲜农产品的销售。阿里巴巴网站上提供的供求信息大都是批量销售，而且直接对产品进行标价，可以实现农产品的网上支付实时购买。

阿里巴巴所独有的阿里旺旺网上互动工具。为有意向的交易双方提供了免费的洽谈工具，只要用户下载阿里旺旺，恰巧对方同时在线，交流就可以开始，极大地节省了成本和时间。

阿里巴巴与多家银行联合开通了支付宝支付工具。支付宝是一种付款方式，先验货后付款，支付宝在网上交易中起到了信用中介的作用，通过支付宝交易，货到付款与款到发货同时兼顾，降低了交易风险。卖家在发布商品时选择支持支付宝付款，卖家在收到支付宝收款通知后，及时给买家发货，支付宝打款给卖家，交易成功。在用支付宝完成交易的过程中，货款交给了买卖双方共同信任的第三方银行机构，在卖家收到银行的收款通知后发货，如果买家没打款则不发货，如果买家觉得需要退换货，只需要通知支付宝延迟或者拒绝支付待与卖家达成一致时再付款，这种第三方支付的方式较好地保护了买卖双方的利益，保证了电子商务的顺利实施。此外，阿里巴巴提供的收费服务的诚信通会员，较之普通会员提供更新更好的服务。

2. 淘宝网

淘宝网是阿里巴巴网站为方便个人用户上网而设立的第三方网上交易平台，侧重于小批量产品销售。淘宝网延续了阿里巴巴的优势业务，开展个人对个人的电子商务，同时也为个人闲置品。二手交易提供了市场。

淘宝网采用会员制，只对注册会员提供交易服务，对交易的物品称为“宝贝”，淘宝网提供第三方支付工具——支付宝帮助交易双方完成交易，提高网上交易的信用度。

为了让交易双方更加方便快捷地进行网上交易，淘宝网提供了即时交易沟通工具淘宝旺旺。淘宝网具备留言管理、站内信息、淘宝社区等非实时的会员交流、协商方式等功能。

非淘宝会员进入淘宝网仅限于浏览淘宝电子商铺和商品以及使用淘宝网的搜索工具进行搜索。淘宝网的注册认证机制，用户通过虚拟的会员名、E-mail 进行注册。填写信息、激活账号即可注册成功。为了防止程序恶意注册，设定了校验码程序。激活程序有两种方法：E-mail 和手机（一个手机号只能激活一个用户账号）。用激活的用户账号登录到“我的淘宝”网页，就可以选择购买宝贝了，还可以发布求购信息让卖家找上门来。

对于卖家则要求通过认证，并发布宝贝货品。淘宝网为卖家提供电子商铺主页、橱窗位等供商品展示。卖家发布商品，可以根据其信用情况采用一口价、单件拍卖等方式，并可管理红包（用于支付宝交易中的虚拟优惠券，由发红包的卖家负担）。

淘宝网实名认证登录淘宝网。在“我的淘宝”点击“实名认证”，进入认证申请页面，会出现选择框“个人认证”和“商家认证”填写所需资料，并提供在有效期内的证件（有效期三个月内的证件不予受理）和固定电话登记。未满 18 周岁不可以成为淘宝网的认证会员。通过认证的会员不允许修改真实姓名和身份证号码。提交证件有两种方式：电子版身份证照片，传统模式传真和信件方式。个人认证可用证件：身份证、护照、驾照、军官证、户籍证明（户籍证明必须原件邮寄）；澳门会员需提供回乡证；台湾会员需出具台胞证及大陆担保人身份证明，同时须提供大陆担保人联系电话；非中华人民共和国证件的会员，必须有国内的担保人同时上传身份证明和联系电话。

商家认证是指具有法人资格的商家所进行的认证。商家认证需提供：有效身份证件、公司营业执照、授权委托书。商家必须保证在淘宝网上出售的商品与营业执照中经营范围一致，否则淘宝网有权追究责任。淘宝网与中国公安部下属身份证查询中心合作，将认证资料交由国家有关部门进行核对认证，并进行固定电话审核。验证需三个工作日，并以站内信件、电子邮件或者电话通知结果。

淘宝网对商品和交易的管理。淘宝建立投诉机制，对炒作信用度，哄抬价格、知识产权之商标侵权、销售行为侵权、外观设计侵权、著作侵权等行为进行自律。如果会员被投诉或者被举报信用炒作，该被投诉或举报会员应提供相应的凭证证实自己的交易是真实有效的，以供淘宝核实；如果被举报方出具虚假伪造的凭证，一经查实，淘宝有权查封其电子商铺。淘宝网要求买家尽量使用淘宝旺旺与卖家进行联系，只有旺旺上的聊天记录截图才能作为发起诉讼时的有效证据。淘宝网发布了禁止和限制交易物品管理规则、商品价格、邮费不符商品管理规则、信用炒作商品管理规则、严重放错类目商品管理规则、乱用关键字商品管理规则、无图片商品管理规则、商品管理临时规则等自律规则。

淘宝网用户使用支付宝交易流程。买家在淘宝网上找到喜欢的宝贝，点击“立即购买”，输入购买的数量、选择运送方式、校验代码、选择收货地址；确认无误后点击“确认无误，购买”；核对拍下的宝贝信息；确认无误后选择付款方式；选用“购物车”程序进行购买。买家拍下后，卖家可以在已卖出的商品中看到交易状态为“等待买家付款”。在买家付款前，双方可以用淘宝旺旺、站内信件、E-mail 等各种实时或非实时工具进行协商。卖家还可以进入支付宝交易管理，重新调整物流的承运商和调整给买家的折扣，找到需要修改的商品的价格，点击“修改交易价格”，可选择修改物流承运商和调整给买家的折扣。一旦修改成功，系统会发送一封包含本次交易信息修改内容的邮件给买家确认。当买家付款到支付宝后，系统会通知卖家发货。卖家可以自己找物流承运商发货，核对交易信息无误后，输入承运公司的名称和承运单号码，点击“确认发货”。卖家可以选择支付宝推荐的物流承运商发货，核对交易信息无误后，输入物流来上门取货的时间及取货地址，点击“通知物流公司上门取货”，系统会根据物流公司的反馈主动确认已发货，买家看到的交易状态就会变为“卖家已发货，等待买家确认”。如果系统没有自动确认已发货，卖家可以在交易管理中查询本次交易，填入承运单号码，点击“确认发货”。完成发货，系统会发送一封包含发货相关物流信息的邮件给买家。买家确认收到货后，交易状态会显示为“交易成功”，支付宝会将钱打入卖家的“支付宝账户”。如果交易双方相当信任，可以发起“即时到账交易”，在买家完成付款后直接打到卖家的“支付宝账户”中。此交易过程不受“支付宝交易”保护，交易风险自担。

（三）合作组织、联盟型、地区性电子商务网站

相对于政府出资兴建的农业综合性或者专业性电子商务网站、大型企业兴建的第三方农业电子商务平台，合作组织或者联盟型的电子商务组合更能够与广大农产品生产者相结合，从种植、生产到销售等过程指导。

以北京市密鑫农业发展有限公司（http：www. mixinnongye. com. cn）为例。该公司始建于 2014 年，是以家禽蛋类、蔬菜生产、土特产销售为主的企业。该公司遵循国际合作社运动中“合作社的联合与合作”原则，以提供安全食品为己任，由地处国家级生态县、国际绿色休闲之都密云水库上游的三家种植与养殖专业合作社，紧密地结合在一起，组建集密云农副产品产销一体的合作社联盟组织。公司由三家核心成员组成：北京密清源养殖专业合作社，持有注册商标“密清苑”，主要出产乳酸菌生态蛋、水库鱼等；北京绿润福源农产品产销专业合作社，国家级绿色蔬菜种植基地，主要出产绿色蔬菜、水果并提供采摘、观光服务；北京裕民顺合作社，主要出

产板栗、红果、核桃、杂粮、蜂蜜、散养土鸡蛋等农副产品。

该公司网站口号是“健康生活，密鑫相伴!”该网站分为首页、公司简介、最新动态、产品展示、人才招聘、留言板等。涉及到的农产品大多是按季节销售，基本实现了网上的实时交易。北京密鑫农业发展有限公司网站代表规模化专业合作社进行网上交易，降低了合作社产品滞销的风险，同时该网站又链接到北京密云官方农产品销售系统，在一个更大的第三方电子商务平台上，提高了信息传播的覆盖面。

农户和涉农企业如何从第三方农产品销售电子商务平台中选择适合自己的模式，至少应考虑：第一，政府部门综合类网站。适合发布产品的供求信息，进行宣传，特点是更新速度较慢，可以长时间进行产品的宣传；一般收费较低或者不收费。第二，淘宝、易趣、阿里巴巴等综合类电子商务网站。直接进行网上交易，产品在线销售；一般收费较高，其服务相对较周到；适合经营多种产品。第三，专业化电子商务平台。适合经营品种单一的农产品。

综上所述，B2B电子商务平台是由第三方电子商务服务企业建立的一个通过互联网进行产品、服务和信息的交换平台。中小涉农企业以会员方式加入第三方 B2B 电子商务平台，就可以方便快捷地进行商业信息的发布和收集、农产品的推广、在线洽谈和交易等各类电子商务活动。第三方 B2B 电子商务平台是中小涉农企业网络营销的主要渠道，其优点是技术力量要求低，资金投入较小，交易安全，而且借助第三方平台的商业聚集效应，能获得更多的浏览量，帮助企业快速成长、树立品牌。

三、农产品电子商务发展趋势

在我国农产品的电子商务活动中，出现了许多反映农产品生产和贸易特点的不同的电子商务模式。李华和牛芗洁（2014）[①] 的研

① 李华，牛芗洁．农产品电子商务与网络营销［M］．北京：中国农业出版社，2014.

究成果，对农产品电子商务发展趋势做了如下的详细阐述。

（一）目录模式（Catalogue）

目录模式也称网上黄页（Web Yellow Page），即农产品企业把其在现实中的企业信息放在网上发布的一种业务模式。这种模式较为简单，其主要目的是宣传农业企业的产品、服务和企业的形象，减少信息的不对称，尽可能多地结识潜在顾客。网上黄页是传统黄页的网络升级版，它能够向客户提供比传统黄页更加完整的企业信息。在网上建立目录有两种常见方法：一是链接到某综合农产品信息平台上；二是建立自己的网站。

农产品目录模式具有以下优点：

第一，覆盖面广，效果持久。互联网已经连通世界上绝大部分国家和地区，用户数量庞大，网上目录没有地理限制，可以为世界各地的商家和消费者观看了解。

第二，方式灵活，互动性强。网上目录具有多媒体功能，可以把文字、图片、声音、图像等结合在一起，形式生动活泼。农业企业可以根据产品特点和声音、图像等结合在一起，根据产品特点和销售意图选择适当的目录制作方式。

第三，制作简单，费用低廉。随着电脑软件技术的发展，网上目录的制作越来越简单快捷，制作成本日益降低。从企业实施网上目录的整体费用来看，大大低于广播、电视、报纸等广告媒体的费用。这对实力较弱的中小农业企业无疑是一个较好的选择。由于农产品目录模式比较简单，国内农产品电子商务起步又较晚，并且农产品交易有其特殊性，所以我国有一部分农业企业采取该种形式。

（二）信息中介（Information Intermediary）

信息中介模式是指通过提供农产品信息来获取收益的电子商务业务模式。农产品信息中介将买卖双方集中到一起，然后提供建议、个性化服务或其他内容来增加价值。农产品信息中介既可以作为一个消费者的集合体，也可以作为一个厂家的鼓吹者。农产品信息中介不像电子商店，它没有库房与商品，也不拥有任何有形资产，只能依赖于伙伴而生存。

农产品信息中介通过对买卖双方的吸引和撮合，以价值链或部分价值链的成员、市场的某一环节作为目标客户群，利用信息经济的模式加速贸易进行，并控制交易双方的注意力。农产品信息中介收入的主要来源是广告、订阅费用、合作企业关系费用和交易费用的提成。农产品信息中介有买方代理、卖方代理、交易代理及兴趣社区等几种方式。农产品买方代理通过收集农产品销售商、产品信息及相关评价，为消费者减少查询费用及交易费用。农产品卖方代理通过收集与提供客户及潜在客户的信息，减少农产品销售商在交易与查询时的费用。农产品交易代理将农产品买卖双方集中起来，匹配双方的需要，帮助双方进行交易，减少销售商在交易与查询时的费用。农产品兴趣社区通过收集农产品信息及其相应的社区建设与商业行为，减少销售商在交易时的费用。互联网兴起之后，全社会信息传播的成本大为降低，整个社会的信息链结构也发生了巨大变化。一方面，农产品信息最终需求者可以用比以前低廉的金钱成本和时间成本直接获得所需要的农产品信息，这普遍挤压了传播链上各个层级的农产品信息中介商的空间，减少了信息中介商的客户数量。为了保持客户量，农产品信息中介商只有更有效率地收集信息、传播信息，才能满足客户更高的要求。另一方面，信息传播链上各个农产品信息中介商的关系也面临重新调整。网络通信技术降低了交易成本，使采集加工信息的成本更低，信息链中层级较低的农产品信息中介商更倾向于跳过上游的农产品信息中介商，直接从信息源采集信息，从而对上游农产品信息中介商生产的信息产品产生了替代。

农产品信息中介商能够继续存在的根本的原因在于，互联网等技术手段并不能消除农产品的信息不完全和信息不对称，尽管互联网的确在一定程度上缓解了这种情况。在农产品领域，信息不完全和信息不对称造成了现实中对市场预期的不确定性，也就是市场风险。信息不完全表现在消费者每时每刻所掌握的农产品信息都是不完全的。例如，即便有了互联网和无线通讯网络等技术手段，如果没有农产品信息中介商的参与，消费者仍然无法实时地掌握世界上任何一种农产品在任意时间的价格。信息不完全导致了消费者对农产品信息的需求。农产品信息中介商永远比信息消费者知道得多，而且信息消费者要么没有渠道获得其需要的农产品信息，要么能够获得该信息，但成本太高。农产品信息中介商和其客户（信息消费者）之间的农产品信息不对称以及信息消费者自身的信息不完全是农产品信息中介商继续存在的根本原因。

（三）**虚拟社区**（Virtual Communities）

BBS是Bulletin Board System的缩写，即电子公告牌的意思。BBS通过电脑来传播和取得消息，企业、个人都可以通过电脑向BBS发送自己的公告（帖子）。BBS的功能除了可以发布帖子、版区讨论之外，还有社区传呼、在线列表、在线聊天等，像一个网上俱乐部。

农产品虚拟社区（Virtual Communities）模式是由BBS模式发展来的。农产品虚拟社区能提供各种交流手段，也就是在网上构造一个虚拟农产品社区，让许多人在这里一起交流，由于人们是以共同关注点和利益为纽带联结在一起的，更容易找到朋友和维持友情，甚至得到真诚的帮助。农产品虚拟社区存在于固有的网络空间，频频出没于其间的农业企业和农户，共同组成了虚拟社区这个团体。农产品虚拟社区就是具有相同关注点和利益的网民在互联网上相互交流所形成的论坛或社区。农产品虚拟社区提供了一个公正和公平的交流场所，在此你可以发表你的想法，与他人交换意见。

农产品虚拟社区的核心是一个网上论坛，它不属于价值链的任何一个基本元素，但它能够为整个价值链或价值链系统增加信息交换量。农产品虚拟社区的最终价值，也正是来源于成员（伙伴或客户）为社区环境提供的信息。正因为如此，它正逐渐变成一种附加功能，人们用它为其他商业模式（电子商店、第三方交易场所、价值链整合商）提供辅助功能。农产品虚拟社区也被称为农产品CLUB，它包含的功能主要有公告栏、集体讨论、社区内通讯、社区成员列表、在线聊天等，它的收益主要来自于广告、会员费和其他增值服务。

（四）电子商店（E-Shop）

电子商店模式是农业企业利用电子技术从事商品零售业务的模式。一家农业企业建立自己的网站，并且开始在网上推销自己的产品或服务，这就可以认为这家企业建立了自己的电子商店。电子商店以最小的投入，充分利用互联网的潜力，在无限的空间里拓展营销渠道。

农产品电子商店是企业的网络营销店，它帮助农业企业推销其商品和服务。当农业企业拥有自己的网站，并通过该网站进行公关宣传和信息传递、提供商品在线订货和在线服务等基本功能后，该农业企业就开设了一家电子商店。在这个模式中，农业企业价值链的营销元素和买方价值链的采购元素直接通过网络相连结。由于省去了渠道价值链，电子商店为农业企业减少了推销和销售费用，从而可以给予客户更低的价格、更全面的信息以及更多的便利，这种一对一的营销方式给买方和卖方都增加了收益。

网上购物过程彻底改变了传统的面对面交易和面谈等购物方式，是一种崭新有效而又安全可靠的电子购物过程。顾客利用各种电子商务保密服务系统，就可以在互联网上使用自己的信用卡购买物品。从整个购物过程来看，购物的顾客首先是输入电子订货单说明自己购买的物品，然后调出自己的电子钱包和电子信用卡，只要电子信用卡合法，即可完成购物，并得到电子收据。这是一种与传统购物方式不同的现代高新技术购物方式。

农产品电子商店是建立在网络世界中的虚拟商店，在互联网上就是一个站点，它可以只是一间小机房、一套电脑、一套联网设备和相应的一套软件，就可以达到与现实中一个规模不小的商店同样的市场覆盖面。农产品电子商店摆放的是农产品的目录和各种农产品文字影像的介绍，这样的信息通过网络可以传送到访问商店站点的电脑中。无论消费者居住何处，农产品电子商店都可使人们足不出户就好像进入了一家商店，可以看到各种农产品的具体规格和售价以及商品的真实图片（图像）和性能介绍，达到亲临商场的效果。在网上建设一个农产品电子商店，不需要太多资金，而且也不耽误正常的工作时间。传统的店铺经营离不开起码的原始积累作为起点，而且受到时空的限制，其风险是显而易见的。只有网上经营，不需要投入太多，超越了时空的限制，给农业企业甚至农民带来无限的商业机会。因此，和传统的商店相比，网上商店有着显而易见的优势。

（五）电子采购（E-Procurement）

电子采购模式是指农业企业和政府可以在网上进行产品或服务的招标和采购，通过电子采购，可以从多个供应商中进行筛选，找到优质价廉的商品和供货及时的供应商，从而降低采购成本和实现JIT等管理技术的模式。政府、大型农业企业及其战略联盟都可以上网进行某种方式的电子采购。电子采购可以使政府和企业降低搜寻成本和采购成本，同时还会使操作透明化和程序化。另外，大型农业企业及其战略联盟通过网上采购与其后台ERP等系统的整合可以优化供应链，使采购元素替代本公司的部分制造元素。

1. 农产品电子采购的类型

（1）使用EDI的农产品电子采购。农产品电子采购门户站点对购买简单农产品最为有效，因为那些产品不像定制产品那样需要较多的人力判断和通信。农产品电子采购门户站点可以让供应商创建和维护其产品的在线目录，其他公司可以从这些目录中搜索商品，完成订单以及当场确定付款和装运选择。

当你试图购买那些必须订制的农产品时，情况会变得复杂一些。在这种情况中，常常需要人力判断以及人与人之间的协商，但电子采购也会对这个过程起到很大的作用。第一步就是整理叫做RFP的信息包，其中包括对某一农产品的规格和供应要求。其次，必须找到一个能够满足该请求的供应商。为了节省时间和资金，只需要与有资格的供应商联络，这样花费的精力最少。

使这一过程自动化的一种方式就是使用EDI（电子数据交换）网络，它能够让供应商和买主交换采购信息。只要交纳一点事务处理费，就能通过EDI网络提交信息包，并通过同一网络收到答复。利用EDI，你可以将文件发送到目前作为EDI成员注册的任何一家公司。

（2）使用互联网的农产品电子采购。EDI 网络存在的问题可以通过使用互联网来解决，因为互联网可以很容易地将电子采购应用软件与现有系统以及供应商的系统集成起来。只需将这些应用软件插入一个标准接口就行了。电子采购软件就成了厂商的应用软件和买主的应用软件之间的技术翻译器。基于 Web 的电子采购是作为一项服务来提供的，因此农业企业不用自己负责安装或管理软件，就可以迅速采用电子采购系统，然后将维护的负担交给服务提供商。

大多数电子采购软件包提供先进的功能，这些功能是使用传统方法所不能获得的。电子采购解决方案能够让你确立一些合适的审批程序，以便合适的人在合适的时候得到合适的信息。随着电子采购模式的扩展以及越来越多的农业企业在网上提供产品，在线市场将成为采购那些很难找到的商品和服务的一种更加可行的地方。

2. 农产品电子采购的特点

（1）业务特点。通过使采购过程自动化，农业企业可以减少大量的成本和周转时间。但由于电子采购软件可能不易开发以及与外来方集成，所以租用采购解决方案常常比较有意义。

（2）技术特点。企业考虑内部部署后，应当仔细分析终端应用软件和外来方的软件集成要求，而采用中立的中间件和 XML 工具，能够简化软件互联和数据交换问题。

（3）主要优点。提高了效率，减少了单件购买的管理成本，适合商务模式的发展。

（六）价值链整合（Value Chain Integration）

价值链整合模式是指农业企业整合价值链中的多个步骤，并将这些步骤之间的信息流作为附加值予以开发，从而实现电子商务的模式。价值链模式作为比较高级的电子商务模式，在理论上是交易成本理论和价值链理论在电子商务应用中完美结合的典范。

（七）第三方交易市场（Third-Party Market，Third-party Marketplace）

农产品第三方交易市场模式是由农产品中介机构建立的电子交

易市场，它主要服务于那些打算把网络营销交给第三方的农产品企业和农户。第三方交易场所的产生及其快速发展是有其必然性的，它是网络应用的专业化分工，是价值链优化的内在要求。它为那些打算把网络营销交给第三方的公司提供了服务。它的共同特点是为供应商的农产品建立目录，提供界面和农产品总量数据库。它的另一个特征是行业性，这点表现在它作为一个行业供应链系统的聚集场所。由于它是受买方拉动的，所以大型农产品采购商的参与对它的存在至关重要。

以上七种模式可以分为两类：

第一类是初级模式，包括目录模式、信息中介模式和虚拟社区模式。其共同点是不进行农产品实物的网上交易，而是为农产品网上实物交易提供服务。

第二类是高级模式，包括电子商店模式、电子采购模式、价值链整合模式和第三方交易市场模式。其共同点是进行农产品实物的网上交易。不同的农产品电子商务模式，解决或缓解了目前农产品贸易中存在的不同问题，因此有不同的网络适应性。价值链整合和第三方交易市场能有效地解决农产品交易环节过多的问题。信息的畅通、透明能够规范交易各方的行为，而网上商店、电子采购、价值链整合、第三方交易市场四种模式中规范的交易流程、科学的交易方式能够减少传统交易中存在的交易不规范的弊病。

农产品电子商务的七种主要模式都具备信息的收集、发布功能，并且采用这些模式的企业为了聚集人气和提供完善的服务，都加强了信息的服务能力，使参与者能得到比较全面的相关交易信息，在一定程度上消除信息不对称性。信息中介模式能有效降低农产品交易中收集信息的成本。电子商店、电子采购、价值链整合、第三方交易市场能分别不同程度降低交易成本。第三方交易市场模式，通过有效的网上交易手段及合约交易，能够减少交易的波动幅度。

针对农产品交易量大、生产的季节性和区域性特点，农产品电子商务也有不同的模式适应性：

第一，根据目前我国农产品及其贸易的特点，农产品电子商务模式中的目录、信息中介、虚拟社区等以信息服务为主的模式具有普遍实用性，目前这些模式已得到业内广泛认可和普遍应用。

第二，农产品企业开展网上销售，首先需要在网上展示所经营的产品，因此必然应用网上商店模式。农产品企业开展网上采购之前，都会建立自己的网上采购系统，在网上向自己的供应商进行采购，因此农产品企业往往也采用电子采购业务模式。

第三，部分小型农产品企业对上游供应商和经销商等中小型企业有较大的吸引力，彼此构成了庞大的供应链和价值链体系。这些小型农产品企业已经开始用网络整合价值链，以提高自身的竞争能力。

第四，具体到大宗农产品电子交易中，第三方交易市场模式比较符合农产品及其贸易的特点，是农产品流通领域主要采用的业务模式。第三方交易市场面向企业和用户形成了综合性的公共平台，其特点是包含了其他模式所不具有的一些功能，比较符合我国农产品及其贸易的特点，是目前大宗农产品交易中主要采用的模式。

四、网络营销类型

（一）网络营销的内涵

20 世纪 90 年代初期，互联网技术的高速发展改变了人们生活、工作、学习、合作和交流的环境，也重新构建了人们对时空观念的看法。互联网作为一种新的媒体，能够更有效的促进个人和组织之间的交易，这也促使市场营销理论向一个全新的方向发展，从而诞生出了网络营销。

国际电信联盟发布的 2014 年 ICT 报告显示，到 2014 年年底，全球将有 30 亿人使用互联网。移动宽带普及率将达到 32%，签约用户规模将达到 23 亿，实现“八连增”。中国互联网用户的规模急剧扩张且规模庞大，根据中国互联网信息中心的数据，截至 2014 年 6 月，我国网民规模达 6.32 亿，较 2013 年年底增加 1 442 万人，手机网民规模达 5.27 亿，较 2013 年年底增加 2 699 万人。网络购物在中国的发展明显提速，根据艾瑞咨询统计信息，2013 年中国网络购物市场交易规模达到 1.84 万亿元，增长 39.4%。网络购物必然涉及到网络营销，网络营销是市场营销组成中的一个极为重要的部分。

网络营销目前在国内外还没有一个统一权威的定义，归纳起来就是以互联网为基础，通过数字信息技术的应用，实现企业一系列营销活动的过程。当前比较主流的网络营销手段有搜索引擎关键字广告、网络营销口碑、品牌广告、网络互动营销等。这些手段所依靠的网络应用也在快速发展，主要的营销平台包括搜索引擎、网络新闻、论坛/BBS、网络视频、博客、微博、社交网站等。

（二）网络营销的功能

1. 信息发布平台

不论是传统的市场营销还是网络营销，都需要将产品或服务信息传递给目标客户，因此信息发布是网络营销的一个基本功能。企业可以通过网络把营销信息发布到全球任何地方，互联网为企业提供了一个真正意义上的全球市场。

2. 网络市场调研

企业运用互联网交互式信息沟通渠道来进行市场调研活动，具有方法多样、调查周期短和成本低的特点。通过网络市场调研，企业可以主动获取市场信息，研究市场变化趋势和消费者行为，为企业经营提供正确的决策。

3. 开拓分销渠道

网上销售渠道是企业销售渠道在互联网上的延伸。网上销售渠道可通过两种途径建立，一是建立具有网上交易功能的网站开展销售活动，二是在一些专业的电子商务综合平台建立企业网上商店开展销售活动。

4. 品牌推广

品牌推广是网络营销的一个重要功能。企业通过互联网建立企业的产品和品牌形象，塑造网络品牌价值，提高公众对产品和品牌的认知度，从而提高顾客的忠诚度。

5. 客户关系管理

在网络营销过程中，企业通过客户关系管理，将客户资源管理、销售管理、市场管理、服务管理、决策管理融合，将销售、市场、售后服务统筹协调起来，更好的满足消费者需求，实现企业效益最大化。

6. 个性化营销

网络营销改变了工业时代大规模、标准化的生产方式，可以针对消费者的需求提供个性化和差异化的产品和服务，实现了消费者需求的个性化回归，也实现了真正意义上的个性化营销。

（三）网络营销的误区

1. 网络营销不等于网上销售

网络营销本身并不是网上销售，可从网络营销的目的、效果和内容三个方面体现。第一，网络营销的目的并不仅仅是促进网上销售，多数情况下，网络营销会提高企业产品或服务在消费者中的认可度，但是这些消费者很可能是在线下购买该产品或服务。第二，网络营销的效果是多方面的，不仅是网上销售的实现，还可以改善客服质量、提升品牌价值等。第三，网上销售只是网络营销的一个部分，并且不是必须具备的内容，有很多企业的网站并不具备在网上进行产品销售的条件，仅仅是企业发布产品信息的一个渠道。

2. 网络营销不等于电子商务

电子商务是互联网迅速发展而形成的商业活动的新形式，其核心是电子化交易，涉及到交易方式和交易过程的所有环节。网络营销伴随电子商务的发展而发展，它不是一个完整的商业交易过程，而是电子商务的一个重要环节。

3. 网络营销不等于网站推广

网站推广是网络营销的一种手段，不是网络营销的目的，更不是网络营销的全部。企业创建网站是为了更好的营造网络营销的环境氛围，建立网站只是企业开展网络营销的第一步。

（四）Web1.0 网络营销

1. Web1.0 网络营销的概念

Web1.0 是 2003 年以前的互联网模式，静态的 HTML 下的 Web 时代，主要是完成人机对话，如我们常用到的 E-mail、BBS、QQ、聊天室等。基于 Web1.0 的网络营销主要有搜索引擎营销、许可 E-mail 营销、病毒式营销。

2. 搜索引擎营销

搜索引擎营销（Search Engine Marketing，SEM），是根据用户使用搜索引擎的方式，利用人们对搜索引擎的依赖和使用习惯，在人们检索信息的时候尽可能将营销信息传递给目标客户，是一种基于搜索引擎平台的网络营销。搜索引擎营销分类可分为两个基本类别即全文搜索引擎和分类目录搜索引擎。

3. 许可 E-mail 营销

许可 E-mail 营销（Permission E-mail Marketing）是在用户许可的前提下，通过电子邮件的方式向目标客户传递有价值信息的一种网络营销手段。许可 E-mail 营销可分为内部列表 E-mail 营销和外部列表 E-mail 营销。

4. 病毒式营销

病毒式营销（Viral Marketing）是利用公众的积极性和人际网络，让营销信息像病毒一样传播和扩散，营销信息被快速复制并快速传向数以万计、数以百万计的受众。

（五）Web2.0 网络营销

1. Web2.0 网络营销的概念

Web2.0 是相对于 Web1.0 的新一类互联网应用的统称，注重用户之间的交互功能，用户既是网站内容的浏览者，同时也是网站内容的制造者，用户由被动接受互联网信息向主动创造互联网信息发展。基于 Web2.0 的网络营销主要有博客营销、微博营销、网络社区营销、即时通讯营销、网络视频营销、网络口碑营销。

2. 博客营销

博客又称作网络日志，是一种通常由个人管理，不定期张贴新的文章的网站。博客营销是指通过博客网站或者博客论坛接触博客作者和浏览者，利用博客作者个人的知识、兴趣和生活体验等传播商品信息的营销活动。

3. 微博营销

微博是微博客的简称，字数一般不超过140字。微博营销以微博作为营销平台，每一个听众都是潜在的营销对象，利用更新微博向网友传播企业、产品信息，树立企业良好的企业形象和产品形象。

4. 网络社区营销

网络社区是网上特有的一种虚拟社区，通过把具有共同兴趣的访问者集中到一个虚拟空间，达到成员相互沟通的目的。网络社区营销是指企业通过网络社区平台将分散的目标顾客和受众精准地聚集在一起进行营销活动。

5. 即时通讯营销

即时通讯（Instant Messaging，IM），是一种可以让使用者在网络上建立某种私人聊天室（Chatroom）的实时通讯服务。目前在互联网上受欢迎的即时通讯软件包括腾讯QQ、微信、百度HI、飞信、易信、阿里旺旺、YY、Skype、Google Talk、ICQ、Fast-Msg等。即时通讯营销就是企业通过即时通讯工具IM的帮助推广产品和品牌的一种手段。

6. 网络视频营销

网络视频营销指企业或者组织机构利用各种网络视频发布企业的信息、展示企业的产品、推广企业的各种营销活动。国外的YouTube、MSN Video、Yahoo Video、AOL Video、iFilm，国内的土豆、优酷等网站访问量很大。

7. 网络口碑营销

口碑指消费者之间关于某产品或服务的特性、使用情况的所有非正式交流和沟通。由于口碑沟通没有商业目的，消费者往往比较信赖这种非正式沟通方式，因而口碑能够影响顾客购买决策。网络口碑营销是口碑营销与网络营销有机结合，旨在应用互联网的信息传播技术与平台，通过消费者以文字等表达方式为载体的口碑信息，影响消费者购买决策，最终实现企业营销目的的一种营销方式。

五、农产品网络营销发展趋势

我国的农村电子商务、农产品网络营销要得到进一步发展和壮大，唯一的出路是找到适合我国国情的农村电子商务和农产品网络营销的发展道路与模式。互联网的开放性给农业生产和需求之间搭起了一座桥梁，给最分散、最不易沟通的农业、农村、农民带来了最大的便利。网络解决的不仅仅是产品流通信息的问题，也大大克服了传统农业的诸多行业弱点。事实上，农村信息化并不是一门高不可攀的学问。农业企业创建一个网站，往里面挂些产品介绍、联系方法和地址，然后把这个时髦的域名印在总经理和销售人员的名片上，登上网络这个平台后，有人需要产品时，就会主动地发送来信息，在网站上实现在线订货与销售，这样农产品也就卖出去了。发挥网络营销优势，提高市场占有率，不但能圆小商人的发财梦，同样也能成就经营农产品的大老板。

近几年，我国农业网站有了较快的发展，不仅各省市普遍建立了农业信息网，还涌现了类似中华十亿农副产品网、福州亚峰、南京白云亭这样的一些大型网上市场。网上经营的品种除了粮食、水果、蔬菜、土特产、花卉、园林、水产品、茶叶、畜禽等产品外，还有化肥、农药、农用物资等生产资料。在众多的农业网站中，中国农业信息网（www. agri. gov. cn）已成为我国最全面、最权威的农业信息网络，每月点击量已达到1 000万人次。近年来还改进了对网站的信息管理，建立了三层结构内容管理系统，推进县、乡信息服务点建设。

农产品网络的迅猛发展，使许多商家看到了商机。北京万福喜食品公司的员工在其配送中心内为网上订货的顾客准备农产品，这种新颖的营销方式就是网上农产品超市。该公司从2002年5月起利用互联网销售农副产品。公司设立配送站点的小区的居民通过网络订货后，该公司针对顾客的要求进行清洗、加工和配送，市民不出小区就可购买到新鲜、便宜的优质农副产品。目前，已有6万户北京市民成为该公司会员。

我国发展网络营销的环境正逐步完善，网络基础设施、运行环境、法律环境、网上支付、信息安全、认证中心建设、物流配送等条件已经初步具备。网络带宽增加，宽带用户大幅度增长，网上支付系统的运行取得实质性进展，初步形成了一个全国性的跨银行、跨地区的银行卡信息交换网络。在物流配送方面，由于拥有全国最大的传递网络的中国邮政加盟了电子商务领域，再加上一些专业配送企业的参与，完善的商品配送系统已经建立。与此同时，各行业的电子商务迅速发展，如纺织网、IT网、旅游网、房地产网等如雨后春笋般出现。在这种网络发展的大背景下，相信我国的农产品网络营销一定会越走越远。

当然，作为一个新生事物，农产品网络营销还面临着诸多困难和挑战，发展的路上还需要不断解决问题。首先，农村的信息网络基础条件仍然很薄弱，在计算机和网络设施的配备水平上，与开展网络营销的需要尚有一定差距。其次，农村的农业信息化人才和营销人才缺乏，农户的信息意识和利用信息的能力不高，对电脑、高科技通讯、网络的认识和应用能力有限，尤其缺乏真正懂信息、懂科技、有开发能力的高水平人才。再次，从目前来看，农产品的标准化、规格化包装远没有跟上，农产品网络利用率不高，营销方式单一，大部分上网企业还仅仅停留在网络广告与网络宣传促销上，而且网络促销也只是将企业的厂名、品名、地址、电话挂在网上而已。最后，信用风险是人们关注的问题，网络购销双方相互信任度不高，买方怕卖方在网上搞商业欺诈，推销伪劣商品，卖方怕买方拖欠货款。据调查，网上用户认为目前网上交易存在的最大问题是产品质量、售后服务及厂商信用得不到保障，占被访问者人数的42.4%。在这种情况下，农产品开展网络营销面临较大的信用风险。网络营销在我国农产品经营中的应用才刚刚开始。新兴事物总是具有强大的生命力，有着广阔的发展前景，随着我国现代农业的发展，网络营销在我国未来的农产品营销中必然会发挥重要作用。

我国网络营销虽起步较晚，但网络普及速度较快，网络普及率比较高，网上开展业务收益较大，而且这一趋势仍在发展。我国很多公司都是在利用网络形式进行销售方面的工作，如淘宝网、当当网等，都是典型的网上营销案例。网络营销是农产品营销手段的创新，为农产品销售提供了一个新的模式。农产品产地和农业企业结合自身特点，大力开展网络营销，一定能拓展商机，获得巨大的效益。而且，网络营销的开展会加快传统农业向现代农业的转变，对推进我国社会主义新农村建设具有重要意义。

加入WTO以来，我国对外贸易各方面在取得进展的同时也遇到了很多的问题，很明显的一点就是我国的一些产品在国际市场上还处于劣势，特别是农产品。由于资源条件不同，生产效率不等，世界各国各地区之间的贸易具有很大的互补性，企业开展农产品网络营销有利于充分利用各国的资源和市场信息，进行科学预测与决策，为我国农产品寻找更大的国际市场空间和机会。另外，不论企业规模大小，都能平等地通过网络这一平台获取世界各地的信息，这为我国农产品中小企业的发展创造了一个极好的成长环境。我国农产品企业只需花较小的成本，就可以建立起自己的全球信息网和贸易网，将产品信息迅速传递到以前只有财力雄厚的大公司才能接触到的市场中去，平等地与大型企业进行竞争。我国开展农产品网络营销的基础条件已经具备。由于政府重视互联网建设，各地都对农业信息化建设投入了很大的财力和物力，覆盖全国的农产品批发市场网络信息系统已经建立，一些地区还实现了网络到村，开展农产品营销的基础条件已经基本具备，农产品网络营销已经崭露头角。

一些农产品专业网站在运营中积累了丰富的经验，拥有一大批优秀网络营销人才队伍。诸如中国农业信息网、中国农业网、中国食品商务网、中国蔬菜网、中国农业商务网、365农业咨询、农博网等，大大小小的可利用的网站有几百个。农业相关网络的高度发达创造了公平的竞争环境，为开展农产品营销搭建了广阔的平台。在网络上获取信息的渠道广，遍布全球的互联网每天都有几亿网民在上网，各个地方都有商机信息在传播，而且24小时供查询利用。营销者和购买者通过网络可以获得丰富的信息，给了解市场需求和供给，给开展经营决策带来了很大的方便。目前，网上的农业信息内容，涉及种植、畜牧、水产、林业、加工、销售、生产和生活等各个方面，几乎涵盖了农业生产、农村经济乃至农民、农村生活的方方面面。不少产地在网上宣传产品，搜集和发布供求信息，广告费用不高且效果好，尤其是在农产品大量上市季节，网络促销对防止产品积压、解决卖难问题发挥了重要作用。可以预测，今后网络营销作为农产品营销的一种新形式将会得到快速发展。

在互联网时代，市场和商务信息的传递突破了时间和地域的限制，大大方便了人们的日常生活。互联网正逐渐成为一个真正的全球性市场，它的深化发展与应用引发了社会经济开始由工业经济向网络经济转型。网络经济作为一种崭新的经济形式，和工业经济有着本质区别。它一方面带来了新的市场观念，另一方面网络服务的个性化使消费需求得到了更有效的满足。更重要的是网络经济促进了世界经济的一体化，并使知识经济与网络技术紧密融合。这种崭新的经济形式给社会带来了巨大的经济利益，也使企业的营销环境发生了重大变化，企业在获得历史性发展机遇的同时，亦将面临严峻的数字化竞争危机。在网络经济时代，无论从网络对市场及其要素影响的角度还是从企业间的市场竞争的角度看，企业惟有选择网络营销才能适应网络经济时代的发展要求，才能在新一轮的市场竞争中跟上科技发展的脚步，获得竞争优势。可以说，网络营销是新时期企业关注的重点，也是营销发展的必由之路。

参 考 文 献

冯忠泽，等.2008. 我国农产品及农产品市场特点分析［J］. 中国农学通报（9）.

黄明欣，等.2014. 我国居民农产品消费模式及与日英的比较研究——基于低碳的视角［J］. 食品研究与开发（18）.

雷海章 . 2003. 现代农业经济学［M］. 北京：中国农业出版社 .
李崇光 . 2010. 农产品营销学（第 2 版）［M］. 北京：高等教育出版社 .
李华，牛芗洁 . 2014. 农产品电子商务与网络营销［M］. 北京：中国农业出版社 .
卢瑞雪，刘瑞涵，卢海军 . 2013. 蔬菜流通模式的研究进展［J］. 商场现代化（23）.
孟庆伟，方辉 . 2014. 9 部委联合监管农村合作社年报将公开［N］. 中国经营报，2014-09-20.
宁连举 . 2012. 网络营销［M］. 北京：北京邮电大学出版社 .
我国农产品市场特点和发展趋势［EB/OL］. http：//www. foods1. com/content/20166/，2004-11-04.
杨学成 . 2011. 网络营销［M］. 北京：中国人民大学出版社 .

第二章 >>>

农产品营销典型案例分析

内容提示：从农产品的营销地点来看，农产品营销可分为实体营销和网络营销。本章第一节通过9个案例，解析了绿色营销、概念营销、原产地营销、事件营销、品牌营销和农场模式营销等较为前沿的实体营销方法。第二节通过3个案例解析了全产业链、冷链物流和大数据管理为优势的农产品网络营销方法。

第一节　农产品实体营销案例分析①

一、绿色营销

绿色营销是适应21世纪的消费需求而产生的一种新型营销理念。所谓“绿色营销”，是指社会和企业在充分意识到消费者日益提高的环保意识和由此产生的对清洁型无公害产品需要的基础上，发现、创造并选择市场机会，通过一系列理性化的营销手段来满足消费者以及社会生态环境发展的需要，实现可持续发展的过程。它要求企业在经营中贯彻自身利益、消费者利益和环境利益相结合的原则。

绿色营销管理内容主要包括：树立绿色营销观念、设计绿色产品、制定绿色产品的价格、绿色营销的渠道策略、绿色营销的促销

---

① 李嘉，严继超，胡向东．市场营销理论与实践［M］．北京：中国农业出版社，2013.

活动。

绿色营销观念是多种营销观念的综合，它要求企业在满足顾客需要和保护生态环境的前提下取得利润，把三方利益协调起来，实现可持续发展。

案例1　浙江华隆公司绿色营销①

浙江华隆公司食品有限公司，主要生产“森王”牌手剥小银杏、开口松子、杏子酱、番茄酱、糯米藕等系列产品。生产的小银杏被认定为浙江绿色农产品和国家无公害农产品，“森王”牌商标被评为金华市著名商标。自2000年始，公司连续被评为企业资信等级AAA企业、浙江省工商企业信用A级“守合同、重信用”单位、优秀民营企业，2004年被评为浙江省骨干农业龙头企业。

1. 华隆公司的绿色产品营销

绿色设计。绿色设计是开发绿色产品的关键，强调对资源和能源的有效利用。绿色产品的生产过程应该是将废物减量化、资源化和无害化，或者消灭于生产过程中。企业在给产品命名和选择品牌的时候，要符合绿色标志的要求，符合“环保标志”。华隆公司生产的小银杏包装主要是以绿色色调为主，包装设计有90克、150克、300克和500克等多种，满足不同市场的需要。

绿色产品。公司产品的生产以绿色有机为主，在产品种植的过程中，使用有机肥料。在产品生产的整个过程中，公司品质部门的人都会一直监督，对原料的含水量和各种成分进行检验，对炒制出来的产品也进行化验。保证公司的产品都是符合卫生、安全的标准的。

绿色包装。绿色包装应该选择纸料等可分解和无毒性的材料，并使包装材料单纯化，避免过度包装的出现。华隆公司的包装采用的是无毒性的材料，公司外包装是纸质材料，可以回收利用。包装

① 朱华．市场营销案例精选精析（第四版）［M］．北京：中国社会科学出版社，2009.

外面贴了绿色、有机和无公害等认证标志。

2. 华隆公司的绿色价格营销

华隆公司利用人们的求新、求异和崇尚自然的心理，采用消费者心中的“察觉价值”来定价。消费者一般认为绿色产品应该具有较高的价值，愿意支付较高的价格。华隆公司的价格定得比较高。消费者在品尝了公司的产品和市场上同类产品之后，就会发现该公司产品口感、外观都比其他的好，慢慢就接受了高价格。

3. 华隆公司的绿色渠道营销

绿色渠道的畅通是成功实施绿色营销的关键，不仅关系到绿色产品在消费者心中的定位，还关系到绿色营销的成本。华隆公司选择具有绿色信誉的中间商，借助关心环保，在消费者的心中有良好信誉的中间商，推出绿色产品，容易得到消费者的认可。在选择中间商的时候，应该注意选择的中间商不经营相互排斥的、相互竞争的非绿色产品。

4. 华隆公司的绿色促销营销

华隆公司主要是通过绿色广告和绿色公关两个途径连续不断的向消费者传递绿色信息，树立公司和产品的绿色形象，从而扩大企业的知名度。

通过各种媒介宣传企业的绿色营销宗旨，大力宣传绿色消费时尚，告诫人们支持绿色消费，提高公众的绿色意识，引导绿色消费需求。

积极参加和环保有关的活动，华隆公司在新疆积极投身种植果树，开发当地的绿色旅游资源，支持各种社会慈善活动，用实际行动在当地人心中树立了企业的绿色形象。

【案例分析】

绿色营销的实施主要是通过制定绿色营销战略计划和实施绿色营销组合策略达到。其中，实施绿色营销组合策略包括开发绿色产品、重视绿色包装、制定绿色价格、选择绿色分销渠道和开展绿色促销活动等方式。

华隆公司很好的实施了绿色营销组合策略，全面贯彻了绿色营销的观念。华隆公司开发了绿色产品，在产品种植过程中使用了有机肥料；包装采用的是无毒性、可降解的材料；依据消费者心中的“觉察价值”制订了绿色价格；重视选择具有绿色信誉的中间商，使企业可以借助中间商本身的良好信誉，推出公司的绿色产品；开展了绿色促销活动，向消费者传递绿色信息，树立企业和产品的绿色形象，提高了企业的知名度。

华隆公司的成功秘诀在于公司从成立伊始就注重开拓国际市场，以绿色战略作为公司发展的核心，引领绿色消费潮流，开发绿色产品，建立绿色品牌，培育绿色渠道。

案例 2　南丰蜜橘营销[①]

南丰蜜橘是我国名特优果树品种之一，其原产地和主产区在江西省南丰县，已有 1 300 多年的栽培历史。南丰蜜橘以皮薄核少、汁多化渣、色泽金黄、甜酸适口、营养丰富而享誉古今中外。

南丰蜜橘经过近十几年的发展，在全国地级以上城市均设有直销点，还远销东南亚、俄罗斯、英国、芬兰、瑞士、加拿大、智利、阿塞拜疆等近 30 个国家和地区，是国内柑橘出口的第一品牌。近几年来，南丰蜜橘产量增长迅速，2011 年的总产量突破 10 亿千克。

南丰蜜橘荣获“国家原产地域保护产品”“绿色食品 A 级产品”“江西名牌产品”“中国名牌农产品”称号，同时还是“江西省著名商标”和“中国驰名商标”。

1. 功效优先策略

功效优先策略，就是要将产品的功效视为影响营销效果的第一因素，优先考虑产品的质量及功效优化。

据民意调查显示，影响消费者购买的主要因素是产品的功效。所谓功效优先策略，就是要将产品的功效视为影响营销的第一因

① 李印权．以南丰蜜橘为例谈农产品营销策略［J］．商场现代化，2006（14）．

素，优先考虑产品的质量及功效。

南丰县积极开展蜜橘品质攻坚活动，组织实施了“南丰蜜橘提纯复壮”“边远山区蜜橘防冻栽培示范”“南丰蜜橘专用微肥的研制及缺素症防治技术研究”“蜜橘气调冷藏保鲜”等20多个科技兴橘项目。南丰县还瞄准绿色消费的新需求，大力推广有机肥、生物农药和“猪—沼—果”生态种养模式，禁止高毒高残留农药、化肥进入南丰蜜橘生产过程，并在全县推广“以螨治螨”生物防治配套技术，有力地促进了蜜橘品质的提升。

2. 品牌提升策略

品牌提升策略，就是改善和提高影响品牌的各项要素，通过各种形式的宣传，提高品牌知名度和美誉度的策略。

为把南丰蜜橘打造成国际知名品牌，走出国门，南丰县出台了《无公害南丰蜜橘生产技术规程》，制定品种选取、栽培技术、采摘、包装的高标准。2003年南丰蜜橘申报原产地域保护获得成功，还被认定为“绿色食品A级产品”，同时还是“江西名牌产品”和“中国名牌农产品”。

随着生活水平的提高，工作之余，越来越多的人选择出游，体验式营销应运而生。南丰县每隔两年举办一届的国家蜜橘节和每年举办一届蜜橘擂台赛，吸引了大量的游客前去参加，不仅带动了服务业的发展，也大大提升了南丰蜜橘的知名度。

3. 价格策略

价格策略是指企业通过对顾客需求的估量和成本分析，选择一种能吸引顾客、实现市场营销组合的策略。

价格的高低直接影响着消费者的购买行为，为了满足消费者差异化的需求，对产品进行分级分类，实行优质优价，低质低价。对价格策略的调整，不仅有利于满足不同阶层、不同地区消费者差异化的需求，同时有助于企业收益的提升。

2005年销往欧盟及俄罗斯、加拿大等国际市场的南丰蜜橘每千克售价达到2美元以上。而销往东南亚、香港和澳门地区的南丰蜜橘每千克售价在10元人民币以上。

4. 促销策略

促销策略是指企业通过人员推销、广告、公共关系和营业推广等各种促销方式，向消费者或用户传递产品信息，引起他们的注意和兴趣，激发他们的购买欲望和购买行为，以达到扩大销售的目的。

农产品促销手段的运用，可以和消费者沟通、宣传产品、传递信息，有利于扩大销售和提升品牌知名度。

南丰县在保证南丰蜜橘的质量和品牌的基础上，采取各种措施加快蜜橘的流通，实施了“南下、北上、东进、西扩”的蜜橘营销战略，多次在北京、上海、南京等20多个大中城市召开南丰蜜橘新闻发布会、品尝会。还在各大中城市的农产品批发市场设立了直销点。为了拓宽蜜橘的外销渠道，鼓励全社会共同参与蜜橘流通，允许行政、事业单位干部职工在蜜橘销售期间保留工资外出销橘。2005年11月，南丰蜜橘打开了欧盟的大门。

随着科学技术的发展、消费者观念的改变和市场竞争的加剧，网络营销应运而生。南丰县建立了“中国蜜橘网”。每年接受成千上万的蜜橘销售订单，提升了品牌知名度，促进了蜜橘的销售，提高了当地人的收入。

【案例分析】

随着经济的发展，人们生活水平不断提高，对消费品的要求也越来越高，需求也趋向多样化，不仅要求产品的质量高，更要求产品是环保的。

南丰蜜橘的成功在于，在对市场进行调研分析的基础上制定相应的策略，满足不同消费者的需求。同时针对网络的普遍应用，南丰县设立了“中国蜜橘网”，在网上进行蜜橘的宣传和销售等，消除了区域障碍，降低了营销预算，延伸了营销市场，创新了营销方式，是南丰蜜橘取得成功的一个重要推动因素。

品牌在一种产品的营销过程中起着重要的作用。南丰蜜橘是有“国家原产地域保护产品”“绿色食品A级产品”“江西名牌产品”

“中国名牌农产品”“江西省著名商标”和“中国驰名商标”。这对提升产品的知名度，扩大销售有着重要的作用。

二、概念营销

概念营销是指企业在充分的市场调研和分析预测的基础上，形成一种具有核心价值理念的观念，并且利用现代传媒技术向消费者传播这一观念，赋予企业及其产品以丰富的想象力和内涵、科技知识等，引起产品目标顾客的认同，最终达到促使其购买的一种营销观念或策略。在产品同质化的现象越来越严重，消费者面对众多品牌无所适从的情况下，概念营销成为营销的一个有效手段。

案例3 SOD苹果的概念营销①

苹果因口感好、价格低的特点，是人们日常生活中最常吃的水果。随着经济全球化的深入和苹果业的发展，苹果市场的供求矛盾日益突出。三门峡市经过大量的市场调查和搜集信息，2003年引进了中国农业大学研发的SOD生产技术，经过三年的实验和推广，生产出具有保健功能的SOD苹果。在北京等地一箱15个苹果卖出了168元的高价，并且深受消费者的青睐。

通过使用苹果专用的生物制剂，使SOD苹果内的SOD含量和活性都远远高于普通的苹果。SOD苹果具有防病、美容养颜和抗衰老的作用。

SOD苹果生产过程的经过严格的控制，产品品质过硬。种苗场在果树生产过程中，采用杀虫灯等物理措施防虫，不使用化肥和农药；喷施SOD制剂使苹果中含有多种人体所需的营养物质。SOD苹果系高科技纯天然生态果品，集营养、保健于一体，内在品质与外观形象完美统一，具有色泽鲜艳、果大整齐、酸甜可口、香气浓郁、果肉脆嫩等特点。

在政府的支持下，三门峡市SOD苹果每年都会选择2～3个大

---

① 维普网 http：//www.cqvip.com［EB/OL］.2011-10-25.

中型城市举办推介会。同时利用中央电视台、河南电视台和主销区的电视台等主流媒体对产品进行宣传，提升了 SOD 苹果的知名度和市场占有率。

到 2010 年，三门峡全市已注册的果品品牌共有 18 个，年均销售量在 10 亿千克左右，其中，“天瑞 SOD”等品牌已在国内外市场享有盛誉，远销欧美、东南亚等地区。

SOD 苹果的成功开发和上市，开辟了高科技绿色天然水果美食与健康、口感与享受，内在功效和外观完美结合的新时代。

【案例分析】

三门峡 SOD 苹果的成功不仅仅是由于营养价值高，更重要的是概念营销的应用吸引了消费者的注意，满足了消费者的健康需求。SOD 苹果既是健康食品也是保健食品，具有抗衰老和延年益寿的功效，通过对 SOD 概念的应用，满足了消费者的诉求，使其在众多的水果中脱颖而出。

在进行概念营销的过程中，三门峡市注重对概念化产品进行品牌化经营，利用注册商标来保护商品，这样不仅保证了 SOD 苹果的质量，还提高了品牌知名度。

政府的支持对三门峡 SOD 苹果的成功有巨大的推动作用。概念营销需要大量的资金作为支持，三门峡政府搭台，让企业去各地进行产品的推介会，同时充分利用主流媒体对品牌的宣传，这都对促进 SOD 的销售有重要的作用。

案例 4　北京更香茶叶有机茶概念营销案例①

北京更香茶叶有限责任公司成立于 1995 年，主要生产、经营更香有机茶、无公害茶、茶包装、茶具等，其中以健康、天然的更香有机茶为公司主导产品。

---

① 孙芳．有机茶营销策略分析——以北京更香茶叶公司为例［EB/OL］．MBA 智库文档 http：//doc.mbalib.com.2011-10-29.

公司在浙江、广西、福建拥有3个茶叶生产基地、4 000余公顷茶园以及90余家直营店，年销售茶叶90万千克，产品出口美国、韩国、日本及欧盟等国和地区。

2008年，公司年销售各种茶叶100万千克，销售额近3亿元，其中有机茶占总销售额的40%。

1. 品牌战略

品牌战略在企业发展壮大的过程中起着重要的作用，更香茶叶以“争创中国有机茶第一品牌”为追求，获得消费者的认可和信赖。1997年，在北京市场较早地推出纯天然无污染有机绿茶，并通过中农质量认证中心和国际瑞士IMO有机食品认证机构认证。

2001年，在北京乃至全国首家推出更香有机茉莉花茶。2003年，通过国际ISO9001认证。2009年，入选“第21届国际农经大会唯一指定用茶”。2010年，荣膺2010年西安国际烘焙咖啡展览会暨浙江绿茶博览会金奖。

2. 概念营销策略

更香公司的“有机茶战略”把城市和乡村联结在了一起，坚持科学稳健的有机茶绿色产业链。“市场＋公司＋基地＋承包人＋农民”的有机茶绿色产业链给公司打造高质量并且具有更香特色的产品提供了强有力的保障。

“洁净、健康”更香有机茶，种植在中国有机茶之乡——浙江武义县。在茶叶的生产过程中不施用任何化肥和杀虫剂，完全是无污染原生态的有机茶。建立可追溯性的全程质量跟踪体系，对有机茶质量进行有效的全程监控。从2001年开始，更香公司每年都会邀请相关的专家奔赴浙江武义为从事有机茶种植和加工的农民举办多次有机农业培训讲座。

更香茶楼以烹饪小汤山有机蔬菜为主，打造安详与健康的生活方式。为充分保证茶餐原材料的纯正度和新鲜度，在运输上更是不惜用高成本的空运技术，从而让更香茶餐的口感及品质上得以原汁原味的展现。

3. 互动营销

互动营销是指企业在营销过程中充分利用消费者的意见和建议，用于产品的规划和设计，为企业的市场运作服务。互动营销能够促进相互学习、相互启发、彼此改进，尤其是通过“换位思考”会带来全新的观察问题的视角。

更香公司把养生茶酒楼和有机茶销售有力地结合在一起，这种新型、别具一格的营销方式，极大地提高了该企业的竞争力。更香公司的特色互动营销表现在餐饮服务和茶叶销售服务的整个过程中。在茶叶销售过程中，服务人员在介绍茶叶的同时也会介绍公司的养生特色茶餐，使顾客对养生茶餐产生好奇并最终成为长期的顾客。双向互动的销售方式，最大限度地提高了市场竞争力。

4. 社会整合营销

更香公司是“全国青联文明号”“中国农业龙头企业”，2007年，更香公司被北京市政府评选为全国三大奥运服务窗口之一。更香企业的成功，除了依托于企业自身不断创新，政府的支持和政策鼓励也是不可缺少的助推力。更香公司整合政府资源，以管理者社会影响力带动企业发展，同时也充分利用媒体的力量，对有机茶进行大力的宣传，从而提高企业品牌竞争力。

【案例分析】

随着经济的发展，人们越来越注重消费品的健康和环保，北京更香茶叶有限责任公司首先提出有机茶概念，在北京乃至全国推出更香有机茉莉花茶，并得到权威的认证。健康、天然的更香有机茶逐渐得到消费者的认可，迎合了市场需求。

养生茶酒楼和有机茶销售相结合的营销方式，使得茶楼和有机茶相互利用对方的品牌和优势，达到互惠互利、推广自己产品的目的。

更香公司被北京市政府评选为全国三大奥运服务窗口之一，公司总经理被评选为“全国十大巾帼英雄”“三八红旗手”“奥运火炬手”。借助这些事件，大大提升了更香茶叶的知名度。

三、原产地营销

原产地形象是指在市场营销中，某个国家或某个地区的产品在消费者心目中树立起的潜在的或明显的对该产品表现满意度与否的整体形象。

原产地营销就是利用了一个良好的原产地形象，对其推广的产品，以统一的品牌、标识、质量、诉求方式进行推广。原产地形象会影响消费者对产品的评价，进而影响消费者的品牌态度以及购买行为。因而要做好原产地营销，先要打造好原产地形象，充分研究原产形象对消费者品牌态度和购买行为的影响。

案例5　阳澄湖大闸蟹营销①②③

1. 原产地营销

阳澄湖在苏州市区的东北，拥有丰富的生物资源，湖底的硬板底泥使大闸蟹腿部肉质紧实鲜美。阳澄湖环境优美，自古就是一个旅游胜地，阳澄湖大闸蟹自古就享有至高无上的盛誉。

阳澄湖大闸蟹通过合理定位，大力宣传阳澄湖的自然风景和文化内涵。苏轼曾经咏叹阳澄湖大闸蟹："未识阳澄愧对目，不食螃蟹辜负腹"。章太炎夫人汤国黎女士有诗曰："不识阳澄蟹味好，此生何必住苏州。"这在很大程度上提高消费者了对大闸蟹的认知度和忠诚度。

加强宣传，提高原产地保护意识。政府利用报纸杂志、网络、电视等多种平台宣传原产地保护的重要性，并且对企业和蟹农定期举办必要的培训，提高他们的产权保护的意识。

2. 品牌策略

培育大闸蟹的自有品牌，禁止注册其他无自主品牌，防止出现

① 李纪月．阳澄湖大闸蟹的原产地营销探析［J］．现代经济信息，2009（11）．

② 蒋辉．浅谈特色品牌农业——以阳澄湖大闸蟹为例［J］．现代农业科技，2007（2）．

③ 新华网 http：//news. xinhuanet. com，2011-10-25.

假冒伪劣产品的出现。大闸蟹在出水时要有质监、工商部门现场监管，每一批大闸蟹都要经过三验一配戴，验数量、验质量、验身份，三验确实后再给大闸蟹配戴防伪标志。在阳澄湖大闸蟹上市后，当地政府还会派出执法人员到多地市场打假。这保证了大闸蟹的质量，更加提升了品牌的知名度和消费者的忠诚度。

阳澄湖大闸蟹品牌注册以后，在政府的支持下，依托蟹文化节，提升大闸蟹的品牌效应。举办一年一度的“巴城阳澄湖大闸蟹文化节”“蟹乡欢乐周”、龙舟赛、花车巡游、摄影赛、蟹王蟹后大比拼等活动，并在电视、电台、报纸杂志等宣传媒介上广泛宣传，不断提升品牌的知名度。

3. 营销创新

阳澄湖大闸蟹的市场定位很准确，将目标人群定为高端消费群体，销售网络主要涉及专卖店和高端的酒店等，这就保证了阳澄湖大闸蟹的品牌价值水准。

在产品营销方式方面采取提前销售礼券的方式，为其提前造势，为高端市场价格找到一个新的支撑点。

随着网络的大量应用，阳澄湖大闸蟹尝试采取网络销售的方式，取得了意想不到的效果。苏州阳澄湖大闸蟹行业协会推出官方电子商务平台，平台由蟹业协会推选出历年诚信度高、服务好的养殖和经销企业为供货商，商家要求至少三年内没有消费者投诉，保证产品的质量。2011 年阳澄湖大闸蟹的产量为历年来最高的，达到 2 200 吨。

【案例分析】

“阳澄湖大闸蟹”充分利用了当地的资源，对阳澄湖的自然风景和文化内涵的大力宣传，提高了品牌的知名度；注册大闸蟹的自有品牌，并采取多种措施保证大闸蟹的高质量，在政府的支持下，依托蟹文化节，提升“大闸蟹”的品牌效应；阳澄湖大闸蟹将目标人群定为高端消费群体，销售网络主要涉及专卖店和高端的酒店等；随着营销环境的变化，采取网络营销的方式和提前销售礼券的方式，不仅为高端市场价格找到支撑点，还扩大了大闸蟹的知名度。

总之，“阳澄湖大闸蟹”成功的商业模式是通过品牌打造和渠道创新，将人们的消费需求调动起来。

案例6　大兴西瓜营销[①]

大兴西瓜，顾名思义产自于北京东南郊大兴。西瓜的主要分布区域是以庞各庄为代表的10个乡。这些地区地处洪积、冲积平原，多为沙性土，月平均气温为20～26℃，极端最高气温35℃以上，6月中、下旬昼夜温差大，在西瓜的生长季节日较差可达10℃以上，因此，这里的自然条件极有利于西瓜的生长。除了自然条件之外，大兴的农技人员和上千名种瓜能手有丰富的种瓜技术经验，可谓是天时地利人和的种植西瓜的好地方。大兴所产西瓜以沙、甜、脆著称，在京津一带颇负盛名。

大兴西瓜固然美味优质，但是它的盛名也离不开营销的作用，这所谓“酒香也怕巷子深”，大兴区有关部门为了扩大大兴西瓜的市场，在营销方面做出很多努力。

1. 品牌建设与保护

首先，是品牌建设的策略。西瓜虽然品质不同，但是没有品牌加以区分，就容易鱼目混珠，价格自然也较低。大兴西瓜之所以成为今天的“大兴西瓜”是经历了一个政府认证的过程。2007年国家质检总局批准了“大兴西瓜”实施地理标志产品保护，规定只有庞各庄、榆垡、北臧村、魏善庄、安定、礼贤六个镇生产的京欣1、2、3号和航兴1号中果型西瓜，并且符合大兴西瓜产品质量标准的才可称为“大兴西瓜”，才能申请使用地理标志产品专用标志，其他地区和其他品种不得称大兴西瓜。对西瓜实施地理标志产品保护，这是北京市首家、全国第二家。2008年，国家标准化管理委员会正式批准大兴区制定《地理标志产品—大兴西瓜》国家标准，

---

① 百度 http：//www.baidu.com/［EB/OL］.2011-10-26.

成为北京市首批地理标志保护产品获国家标准的项目，这意味着凡是实施地理标志产品保护的大兴西瓜都将有统一的国家标准。

自此，符合标准的大兴西瓜有了品牌，而且以地理名称作为品牌标志，更易识别和增加市场认同感。品牌的建设成功意味着更大的市场，更高的价格，进而更多的收入。另一方面，在西瓜市场，大兴西瓜以其地理标志与其他西瓜相区别，以其优异的品质战胜更多的竞争对手。

品牌建设成功后，保护品牌就是一个不可忽视的问题。目前的农产品市场，还存在假冒著名商标品牌的现象，大兴西瓜也不例外。为此，大兴区在申报“大兴西瓜”实施地理标志产品保护的同时，通过北京市技术监督局向国标委申请制定《地理标志产品—大兴西瓜》国家标准。这些标准的制定，将有利于推动全区西瓜标准化生产，有利于新品种、新技术的推广与应用，对做大做强大兴西瓜品牌，推动生产规模化、经营一体化进程，增加产品在市场上的竞争力，具有深远的意义。

2. 事件营销——西瓜节

大兴区每年都会举办西瓜节，每年都会有一些特色来吸引社会的目光。西瓜节定于每年的 5 月 28 日至 6 月 2 日，除了西瓜擂台赛以外，还有艺术表演、吃西瓜大赛等娱乐项目。这些活动的开展也传播了西瓜文化。通过媒体的相应报道，大兴西瓜的品牌知名度和美誉度都得到了加强。

大兴西瓜节从一开始就突破了关门办节的旧思路，而是本着立足北京、辐射全国、放眼全球的目标，走上了一条国际化的办节之路。20 多年来，大兴西瓜节已成为扩大地区知名度的窗口，展示形象的平台，国际合作的桥梁。

3. 市场定位与定价

西瓜节的思路与大兴西瓜的市场定位应该是一致的，就是立足于北京、辐射全国、放眼世界。北京是大兴西瓜的主要市场，据知，大兴西瓜相对于其他西瓜的价格要高 0.3～0.4 元，可见幅度并不是很大，它所面临的仍然是中低端市场。当然，有一些精品瓜的价格就相应高一些了。另外，为了品牌建设的需要，价格高于一般西瓜价格也是合理的。

西瓜是大众水果，夏天的产量大，需求旺盛，如果定价过高，显然影响销量。而且根据农产品的不易储存的特点，加之西瓜运输的问题，大兴西瓜面向大众的策略是正确的。当然，基础价格是根据市场供求决定的。

4. 与民俗旅游相结合

郊区农业的发展离不开旅游业。大兴区也不例外，通过与民俗旅游相结合的方式，大兴西瓜的美名也得到传扬，而很多人也是冲着采摘和品尝新鲜的大兴西瓜选择到大兴旅游，可谓互助互利。这一良好的模式也是一个很好的营销策略。

【案例分析】

大兴西瓜营销成功原因在于：第一，产品定位。走自主品牌的路子，品牌创建成功后，加强品牌保护和后期品牌建设。第二，价格策略。以中低端为主，同时部分面向高端，既创品牌，又走销量。第三，促销策略。设立西瓜节，同时与民俗旅游相结合。第四，公共关系策略。争取了地方政府的大力支持。

四、事件营销

所谓事件营销，是指企业通过策划、组织和利用具有新闻价值、社会影响以及名人效应的人物或事件，吸引媒体、社会团体和消费者的兴趣与关注，以求提高企业或产品的知名度、美誉度，树立良好品牌形象，并最终促成产品或服务的销售的手段和方式。

案例7　金龙鱼营销策略[①]

2006年北京奥组委正式宣布嘉里粮油旗下的食用油品牌金龙鱼成为北京2008年奥运会正式食用油。在奥运史上，食用油品类

① 百度 http：//www.baidu.com/.2011-10-20.

参与奥运会开发计划还是第一次。对金龙鱼来说成为奥运会食用油独家供应商，不仅仅是一种荣耀，还是一种鞭策和鼓励，这意味着金龙鱼将面临更大的责任。

“奥运会正式用油”使金龙鱼以最低的成本达到了最佳意图。

在此之前，金龙鱼在大中型城市的市场占有率已经占据领先地位。有关数据显示，从1998—2006年金龙鱼已经连续11年登上销售冠军的宝座，市场份额超过了40%。但是在三、四线城市的食用油市场，由于大小品牌林立，食用油容易受原料价格的影响，生产厂家的收益率不高。出于提升产品附加值和利润回报率的考虑，各大食用油生产厂商相继推出了高端产品。

从2006年成为奥运会食用油独家供应商到2008年，金龙鱼运用开放企业、邀请公众监督的奥运战略，显示了对自己产品品质的自信，同时也强化了消费者对金龙鱼品牌的信心。

2009年金龙鱼在上海建成全球研发中心，研发和引进具有全球先进水平的粮油食品技术，带动中国高品质粮油产品国际竞争力的提升。2009年就确立了金龙鱼2010年营销的主题——“让世界博览中国的味道”。

2010年4月13日，“2010金龙鱼上海旅游美食节”在极具中国人文特色的上海豫园商城九曲桥广场拉开帷幕。“展现中华饮食文化的博大精深，让世界博览中国的味道”，这为世博会前的上海增添了许多亮色。

借助世界博览会这一全球盛会，通过举办旅游国际美食节，不仅向世人展示了博大精深的中华饮食文化，同时还大力宣传了金龙鱼这一食用油品牌，力图使参加世博会的每个人都可以深入的、全方位的了解金龙鱼。

2010年与央视一套共同打造《天天美食》特别节目，通过央视的平台，更是进一步提升了品牌的知名度。

借助奥运会和世博会的平台，如今的金龙鱼站在“世界品质”的高度，具备了和世界全面交流的实力，把中国传统的“温暖亲情”和“家”的文化概念传播到了世界各地。

【案例分析】

事件营销具有接受的面广、突发性强，在短时间内能使信息达到最大、最优传播的效果，可以为企业节约大量的宣传成本等特点。

金龙鱼食用油成功的利用了奥运会和世博会这个中国人千载难逢的机会，用合作和赞助的方式宣传自己的产品，用最小的成本达到了最大的效用，不仅提高品牌在中国的知名度，还扩大了在国外的影响。

五、品牌营销

品牌营销是指企业通过利用消费者的品牌需求，创造品牌价值，最终形成品牌效益的营销策略和过程，是通过市场营销运用各种营销策略，使目标客户形成对企业品牌和产品、服务的认知过程。

案例8　“龚老汉”中华鳖品牌营销①

杭州金达龚老汉特种水产有限公司是一家中华鳖良种繁育推广、饲料加工、生态养殖、商品直销和出口为一体的杭州市市级高科技农业龙头企业。2008 年公司生产商品鳖达 313 吨，产品出口到日本和韩国等地，出口商品鳖 100 余吨，实现总产值 9 300 多万元。

公司养殖生产的“龚老汉”品牌甲鱼，不使用抗生素及其他药物，用生石灰和漂白粉消毒，用中草药来预防和治疗疾病，吃食鱼虾、螺蛳等鲜活饲料和营养配伍齐全的优质饲料，在仿生态野生环境中，经 3～5 个寒冬和酷暑熬炼而成的仿生态优质中华鳖。经国家权威机构水产质量检测检验全部符合标准。因其裙边宽厚坚硬，胶质黏，脂肪少，风味独特，虽然公司生产的甲鱼比一般的每千克

① 食品商务网 http：//www.21food.cn.2011-10-26.

高出 20～30 元，还是成为深受广大消费者青睐的绿色保健食品。

早在 2001 年，该公司就注册了“龚老汉”商标品牌，并专门设计了包装，把不同规格的甲鱼分类分档装入手提式包装盒，并且在每只甲鱼裙边上都加有防伪标志，使消费者可以放心的吃到风味十足的仿野生中华鳖。

在公司成立初期，就加强在媒体上的宣传，积极参加各有关方面举办的博览会、展销会，积极通过各种渠道发布自己产品的品质、供销等方面的信息，使产品的品牌深入人心。

在进行广告宣传的基础上，在北京、上海、杭州、宁波、绍兴和萧山等地建立直销网点和专卖店，同时建立了售后服务热线，提供各种服务。

公司还在钱塘江畔修建了面积达 7 000 平方米的综合性大楼和休闲园区，吸引越来越多的人前来参观，在一定程度上提升了品牌的知名度。

“龚老汉”中华鳖，先后被评为杭州市优质产品金奖、浙江省农博会、浙江省渔博会金奖和中国国际农博会名牌产品、浙江省名牌产品。“龚老汉”商标被评为浙江省著名商标，2008 年入选杭州市最受百姓喜爱的“七宝”农产品，公司荣获杭州市“食品安全信用优秀单位”称号。2009 年，成为第一个国家级中华鳖（日本品系）良种场。

【案例分析】

“龚老汉”中华鳖，是浙江省著名商标，2008 年入选杭州市最受百姓喜爱的“七宝”农产品，公司荣获杭州市“食品安全信用优秀单位”称号。2009 年，成为第一个国家级中华鳖（日本品系）良种场。这都大大提升了品牌的知名度，在“龚老汉”中华鳖的营销过程中起着重要的作用。

“龚老汉”中华鳖裙边宽厚坚硬，胶质黏，脂肪少，风味独特，成长过程中不使用任何药物，食物也都是活物，保证了产品的质量，也就保证了品牌的美誉，提高了消费者对产品的忠诚度。

六、农场模式营销

农场拥有大面积的土地，成就其最直接的核心竞争力。基于其核心竞争力，农场可以根据市场需求提供多种农产品，也可以通过一体化战略，由生产领域扩张到销售服务领域，构建供应链优势，从而形成独特的农场模式营销。

案例 9　南田农场的发展模式①②

1. 南田农场简介

南田农场创建于 1952 年 1 月，是海南省的国有农场，位于海南省三亚市境内，地处三亚东大门，依傍海榆东线高速公路，距海口市 228 公里，至三亚市 22 公里。

南田农场创建以来一直以橡胶为主业，橡胶种植面积曾经达到 0.47 万公顷。20 世纪 90 年代受台风影响，大片橡胶林毁于一旦，南田农场损失惨重。经营者意识到，光靠吃“橡胶饭”的路子行不通。于是从 1992 年年底开始，在认真分析农场土地、气候、区位等方面的优势和劣势的基础上，南田农场确立了“以市场为导向，以效益为目标，以资源为基础，向产业结构要总量、要效益”的经营方针，采取“切块管理、分级承包、搞活自营、抓好治安、调整产业、发展经济”的管理办法，着手进行产业结构调整。经过多年的发展，南田农场已经形成了“一城五地”的产业新格局。“一城”，即开发了 10 平方公里的神州第一泉三亚南田温泉国际热带风情旅游城；“五地”，就是 2 000 公顷橡胶基地、200 公顷高科技热带农业育种基地、2 666.67 公顷优质芒果示范基地、533.33 公顷无公害反季节瓜菜基地和农副产品加工基地。通过产业结构调整，改变了长期以来单一以橡胶为主的产业结构，经济结构实现了多元化，为农场持续发展和职工生活的不断改善打下了坚实的经济基

---

① 百度百科 http：//baike.baidu.com/view/2151171.htm＃5.2011-10-26.

② 张飞，许能锐．浅析南田芒果营销策略［J］．广西热带农业．2007（4）．

础。现在，南田农场已经发展成为以经营橡胶、芒果热带高效农业、温泉旅游开发、热带农业观光旅游、房地产等项目为主的综合性国有大型企业。

南田芒果具有上市早，成熟果实皮色光洁，鲜艳金黄，浓甜且具有蜜味芳香，果品好，无公害等优点。2000 年、2003 年南田“神泉”牌系列芒果的台农一号芒果和贵妃芒果先后被世界粮农组织和中国果菜大赛组委会评为“中国果王”和“中国果后”。2002 年 1 月，南田农场芒果基地被省农业厅确定为海南省无公害瓜果菜生产基地，2004 年 11 月，南田农场芒果基地和芒果先后被农业部确定为无公害农产品示范基地和无公害农产品。从 1998 年至今，“神泉”牌系列芒果年年被评为海南省优质农产品；2006 年 10 月 17 日获得“2006 中国名牌农产品”称号。利用得天独厚的地理优势和自身的科技实力，南田农场大力发展芒果产业，至 2006 年芒果种植面积 3 000 公顷，种植户 3 821 户，产量达 4.2 万吨，产值 2.4 亿元。

然而，地处台风频繁多发地区，每年都有台风侵袭芒果园，给部分果农造成一定的经济损失。农场周边的路况较差，不利于产品及时送货；农场内的一部分水库、水井等基础设施也年久失修，满足不了灌溉需求，给当地生产造成了压力。中国加入 WTO，东盟与中国“10＋3 框架”，给国内的芒果产商带来了机遇，也引进了强有力的竞争，对国内市场造成了一定程度的冲击。随着南田芒果远近闻名，南田周边一些地方的果农也开始种植芒果，有些果农过量喷洒农药或催熟剂，致使果质达不到南田芒果要求的无公害标准，严重影响了南田芒果声誉。

2. 南田农场的经营策略

标准化营销策略。南田农场场长彭隆荣制定出“南田农场无公害芒果管理制度”“芒果标准化生产管理措施”“芒果生产技术规程”等，农场还规定上市芒果必须具备开园证、产地证、无公害证、品牌证。

建立强大的销售队伍，积极开拓市场。南田放弃了以往坐等客商上门收购的方法，由市场部牵头，以生产队为单位，每个生产队选出1～2名营销能手，在芒果收获季节出去跑市场，统一收购统一销售。与果农直接跟客商联系相比，提高了芒果的销售价格，降低了果农自行交易的交易成本，保护了果农的切身利益。

推陈出新，发展休闲农庄和创意农业。南田开发了自助采摘园，延伸芒果产业，又发展了旅游业。南田农场还与世界著名芒果深加工企业在南田联合建立芒果深加工基地，扩大了其产品组合。

品牌营销。为确保南田芒果的质量，打造过硬品牌，2004年南田建立的无公害芒果质量追溯系统已登陆农业部网站，建立了田间档案记录，对芒果生产各个周期用药、施肥等进行详细记录，实行电脑追踪管理。

【案例分析】

南田农场的成长历程是自我改变和创新的发展史，南田农场在发展过程中认识到了自己的优势和不足，从而找准了在市场上的坐标，大力进行了产业结构调整，实现了从发展橡胶为主到发展芒果为主，从单一经营到综合性营销，从传统的营销模式到新型的品牌营销，创意营销的转变。

第二节　农产品网络营销案例分析

网上超市（On-line supermarket ）是指基于互联网的在线超市销售平台，为消费者提供物美价廉、种类丰富的超市商品批发、零售服务，这是一种新型的购物方式。不同于传统超市，网上超市由于没有实体店铺，大幅降低了其店铺成本、人力成本，从而降低商品价格。同时，由于互联网的无限性，商品的种类更加丰富，这样，网上超市就可以以更丰富的商品、更低廉的价格销往更广阔的市场。

一、以全产业链为核心的网络营销

案例 10 沱沱工社：生鲜电商“逆天”成长[①]

眼下垂直电商中最热的非农业生鲜类莫属，然而在狂热之下，沱沱工社仍保持着冷静。“规模对我们而言不是最重要的”，沱沱工社 CEO 杜非一直强调。“我相信在整个行业还是要遵循良性发展，如果你没有一个合理的盈利模式，没有一个持续获取盈利的方法，几年之后会怎么样？要打包卖给京东吗？不可能，这个时代已经过去了。我们经常讲一句话：自己，不跟风，谨模仿，要挣钱。”

电商圈内人应该了解，稳健、务实是杜非的特质。在 2012 年 7 月加入沱沱工社之前，他在红孩子商城担任总经理，再往前推是在慧聪网从事研究分析工作，已经积累了十余年的电商操盘经验。

放眼望去，无论是天猫、京东、唯品会，甚至是沱沱工社的同行顺丰优选、本来生活，他们“站在风口上”，谁不顺势大干做规模？沱沱工社为何反其道而行之，这不是要“逆天”吗？

（一）沱沱工社经营状况

相比其他同行，沱沱工社一直很低调。从公开消息可知，沱沱工社是九城集团（美国纳斯达克上市企业）旗下专注有机、安全食品的网上超市。

另据杜非介绍，沱沱工社定位更偏向于农业电商，跟其他几家做生鲜电商的同行在产品上有很大的差别，其主要做的还是肉禽蛋奶以及蔬菜，在模式上坚持从农场到冷链配送，中间以 B2C，企业级的 B2B，包括移动等手段获取用户。

沱沱工社由直营农场和联合农场统一提供货源，除了北京平谷自营农场外，在全国还有 8 个联合农场。经过一系列调整删减，沱沱工社现有 2 600 多 SKU，日订单数在 2 800～3 000，营业额达

---

① http：//www.xpshop.cn/blog/B2CB2BC2C-yanjiu/sfdfhfgjghk0426/，2015-02-12.

7 700万元，较 2012 年 2 350 万元同比增速达到了 227%，实现微利约 460 多万元。

由于其物流投入有限，当前主要精力还是在北京市场，北京六环以内可以实现次日达。该地区市场销售比重也占到全部销售额的 80%。华东市场是沱沱工社“第二主战场”。

（二）重数据轻感性

在传统行业一个很常见的现象就是企业经营者在决策的过程中，很多时候是凭借自己多年来的经验感觉在做决策。作为沱沱工社的掌舵人，杜非决策的主要依据就是数据，从他到整个团队用一套 IT 的方式、数据化管控的方式、精细化管控的方式把风险降下来。

通过一套紧密的数据分析计算工具，实现科学决策。同时他们形成了新的农业种植计划。杜非表示“沱沱工社生产计划是跟销售团队一起来定，从 11 月定全程的，然后 3～6 个月调整一次。生产计划细分到每一天要产多少，我们是可以控制的，比如说上年西红柿历史销售多少，我们今年在历史数据上根据增长幅度估算出总需求量，然后再上调 15%～20%给销售团队压力。”这些数据主要来自后台消费者的历史数据以及目前日常的销售数据。

不仅如此，他们还根据市场情况变化调整现有种植计划。杜非举了个例子“如果我们发现西红柿生产要大于销售量了，这时候我们大棚的棉被就不能打开了，不能见阳光，西红柿就能晚成熟 3～4 天。这个时候营销节奏加快，得赶紧卖掉。”通过改变种植环节中温度、湿度来减小损耗。

（三）精细化运营搭建自己的生态养殖系统

在前面数据工作取得进展后，日常运营过程中以每周、月、季度都有相应的分析会的形式来判断工作进度和完成情况。分析会主要针对商品讨论，还有利润、损耗等情况，如此一来把这些要素连动起来，掌控市场的节奏，以此判断是不是要放量，是不是要换渠道。

在营销推广方面，沱沱工社并没有做大面积广告投放，而是根据自身特点和市场承受能力，线上做精准投放，线下营销通过农场会员活动和社区活动进行。比如在农场组织活动，会员在周末可以参加，类似农家乐，让他们体验和感受有机生产；社区活动针对企业用户，给他们的员工做营养课程培训等。

如此一整套运营体系，成本节制的效果最为明显，用户转化、留存度以及复购率颇为可观。沱沱工社 50 多万注册会员（非企业用户）去掉那部分礼品会员复购率也有 65%，其中留存下来的会员购物频率约 2.5 次/月。

生鲜电商减少成本最重要也是最具挑战性的环节便是降低损耗。损耗主要来自种植损耗、储存损耗、加工损耗、配送损耗及滞销损耗五个方面。而一个需要自由呼吸的蔬菜和水果，市场周期就是 7 天，叶菜 3 天。

因此为了降低损耗，沱沱工社把零售业的库存考核直接引入到生鲜电商库存管理中去。当这个商品是叶菜的时候，市场就是 3 天，过了 1.5 天后马上处理，马上开始变价，开始打包，这是他们缩短库存管理的重要手段。另外，商品引入的时候要考核损耗率。事实上很多企业没有重视这个问题，把东西放入库房里开始吆喝，这是不对的。

节约资源，降低损耗方面还有新招。沱沱工社在河北的一个联合农场，正在做“立体工程”的尝试，在水系改造后，鱼塘可以养鱼、螃蟹，水面养鸭子。另外还有一个“立体化循环经济”的工程，在其损耗比较高的时候，他们直接把这些废料做成饲料，喂鸡、猪等动物。残渣倒进发酵池用来做沼气，沼渣还可以喂蚯蚓，当叶肥。

如此经历好几个循环，一是做到生产端跟销售端连动，二是库管总体预警。但这一生态养殖系统的有机产品产出有限，主要提供 VIP 客户和自己员工福利，并未市场化。

拒绝诱惑。“我们不是卖商品的，是卖信誉”。杜非加入沱沱工社的时候，就给大家灌输一个想法“你把贩卖产品作为贩卖信誉。我们不是卖商品的，是卖信任，这样的话用户对你的整个信任度就会大幅提高。”主要体现在两个方面：

1. 不追求规模，品类减法

春节后，沱沱工社的订单量出现爆发式增长，然而由于其冷链供应改造并未完成，仓储、冷藏、配送能力都很有限。这让杜非感到了恐惧，不得不控制增长节奏。他意识到自己所做的品类决定了适应搞大规模的方式，生鲜这个行业应该是有利润的，而且最大的好处是忠诚度非常的高，能建立信任关系。因此，除了市场推广要配合增长节奏外，在杜非加入沱沱工社后进行过一系列品类调整，将原来 5 000 SKU 减少到现在的 2 000 多。

但这并不意味着沱沱工社在品类策略上将减法进行到底。杜非认为“沱沱工社的非冷链的品类在物流跟不上的时候做减法，该环节改善后，未来会考虑在有机、安全并与餐桌相关的品类上做加法。”

2. 要优质用户，不要盲目促销

除了独立的 B2C 平台外，沱沱工社还入驻了天猫、京东这些第三方平台，并成为这些平台生鲜类目中的佼佼者，时常会被邀请参加促销活动，效果也很不错。尽管如此，在做了几次后，沱沱工社主动叫停了，同时多次拒绝了第三方平台的促销邀请。

杜非解释道“我认为这样做，我们的客户不够优质，图便宜目的很明显，我要的是客户的回购和转化，因为这个行业最不缺的是优质客户，但最缺的是优质商品，你把优质商品消耗完了，优质客户需要的时候你又没有，这不合理。另一方面，这行一定是你有什么样的能力，你就吃多大的饭。”沱沱工社主攻中产阶级以上的消费群体。“中产”并不只是收入，更多的是一种对生活有高品质要求态度。

【案例分析】

沱沱工社模式反映了中国电商在商业模式上的突破，首次改变国内外一贯的专卖店、连锁超市销售有机食品的模式，将“网上有机食品超市”模式植入了中国。使得“按需采摘、农场直送、价格适中”的网上直供模式成为可能。而这种创新，将成为 B2C 电子商务领域混战之后的新拐点。

沱沱工社的成功主要有三个方面：一是大数据管控。用一套IT的方式、数据化管控的方式、精细化管控的方式把经营风险降下来。二是有机产品全产业链发展。基于“有机食品电子商务”的纵深打造，以创新的全产业链新模式，在实现自身发展的同时，形成了区域经济、农户以及终端消费者的共赢，真正实现了电子商务的价值最大化。三是保持适度规模。在规模上不盲目扩张，能够抵挡住天猫、京东的邀请，定位中高端客户，把市场做精做细。

纵观整个B2C行业，随着中国网络用户的激增，以及电子商务的成熟与发展，B2C正处于市场井喷、模式变革和范式创新的拐点。未来成败如何，还将取决于各家电商今后能否在提升用户体验，增强平台吸引力，加强基础设施和研发投入，强化战略前瞻性等方面取得进一步突破。

二、以冷链物流为核心的网络营销

案例11　解读顺丰优选背后王卫布局的一盘大棋[①]

2014年5月，顺丰的“嘿客”便利店全国启动，计划2014年全年要铺开3 000多家便利店。顺丰的这一笔重要布局，将实现顺丰速运＋顺丰优选＋顺丰移动端布局＋金融＋社区O2O服务平台＋农村物流……全线布局整合，这无疑加速了顺丰速运及其电商平台顺丰优选的全面布局步伐。

（一）两年快速发展的顺丰优选，究竟做了哪些布局

从顺丰优选两年的布局，可以清晰的看出其稳健的发展步伐，环环相扣的商业布局。

---

① 黄刚．解读顺丰优选背后王卫布局的一盘大棋［EB/OL］．http：//i.wshang.com/Post/Default/Index/pid/34647.htm.2015-03-22.

表 2-1

时间	重大事件	战略价值
2012 年 5 月 31 日	顺丰优选正式上线，北京区域全品类配送	低调试水
2013 年 2 月 26 日	开通上海、广州、深圳常温商品配送	试水半年后扩张
2013 年 3 月 26 日	开通天津、南京、苏州、武汉、杭州常温商品配送	快速布局常温配送
2013 年 5 月 26 日	开通天津生鲜商品配送	一年后布局生鲜
2013 年 9 月 9 日	启用华东仓、华南仓，开通 28 个常温商品配送城市、9 个生鲜商品配送城市	全国布网启动
2013 年 10 月 10 日	开通 20 个常温商品配送城市，覆盖除港澳台外中国所有大区	常温大网布局
2013 年 11 月 5 日	再开通 17 个常温商品配送城市，覆盖江苏省、浙江省、广东省全境	继续扩张物流
2013 年 12 月 1 日	常温商品配送覆盖全国	常温全网布局完毕
2013 年 12 月 18 日	开通地方特色馆，全面打造农产品电商直供平台	整合基地，打造直供平台
2014 年 3 月 26 日	入驻京东，进入多平台战略	多平台战略
2014 年 5 月 18 日	顺丰嘿客便利店启动，为顺丰优选 O2O 战略布局开辟新章	借便利店全线布局社区末端
2014 年下半年	推出开放平台，启动新冷库，在三四线城市加强拓展	开放平台，布局全网冷链

解读顺丰优选两年的布局之道：①以物流为通路，渗透电商；②先试水常温高端食品，再布局低温生鲜；③物流先布局一线城市，再渗透二三四线城市；④先布局 B2C，再布局产地直采的 C2B；⑤平台建设先布局 B2C，再启动多平台战略，然后依托顺丰

嘿客便利店试水 O2O，最后启动开放平台。

从顺丰优选复杂而全面的布局，可以看出王卫的做事风格：稳扎稳打，环环相扣，步步领先，每一步都走在行业的前沿。

（二）顺丰优选的运营模式

2014 年 5 月 17 日，中国供应链联盟农产品电商物流供应链圆桌活动上，汉森供应链行业研究中心对中国 10 大生鲜农产品电商供应链运营模式的研究成果进行了分享，这是国内第一份对农产品电商供应链深度研究资料，涉及国内 10 大生鲜农产品电商平台的运营模式（同时分享了欧美 6 大生鲜农产品电商的运营模式）。顺丰优选作为全国最先启动全网布局的生鲜电商平台，在短短两年的时间，商业模式不断的升级，以下深度解析顺丰优选的模式变迁。

1. 传统 B2C 模式切入

顺丰优选刚起步时是王卫布局的独立的 B2C 平台，不仅电商是独立的，就连物流也是独立的，没纳入顺丰快递的体系。

（1）产品定位。顺丰优选的起步就定位中高端市场。

（2）品类方面。起初阶段覆盖了食品 9 大品类，但 SKU 仅 7000。

（3）物流方面。启动的前半年配送覆盖区域仅限北京。

在 2012 年一年时间内，顺丰优选都是独立的 B2C 运营模式，团队和供应链体系经历了半年的历练，2013 年才开始全面渗透全国。值得注意的是，顺丰速运自顺丰优选成立之初，已开始在冷链领域的布局。

2. 产地直采模式

产地直采模式是顺丰优选 2013 年启动的全新的生鲜电商供应链模式。以荔枝的产地直采模式来说，实现的是“从枝头到舌头”的闭环供应链模式。

产地直采的闭环供应链模式有着如下特征：

（1）预售模式。顾客下单后才开始采摘，完全按需采摘，完全实现零库存售卖，同时实现健康的资金流。

（2）快速物流。在24小时内通过顺丰航空极快物流直达消费者手中，这是国内其他任何生鲜电商不能够实现的。

（3）温度控制上。“全程冷链”但“非冷藏”，对产品实现有效的保障，同时避免因冷藏造成的对新鲜度的影响。

（4）采购优势。顺丰依托在全网布局，顺丰速运各地的员工，可帮助顺丰优选深入原产地进行选品。为了抢到各荔枝品种的“头茬儿”，顺丰优选的采购人员春节刚过就开始深入荔枝原产地做调研、选品、与供应商接洽，地方政府、顺丰速运员工也会帮忙做推荐和协助。

（5）O2O的营销模式。除了打造“快时尚”的生鲜供应链服务体系外，顺丰优选是最早推动O2O营销的生鲜电商。在2013年、2014年荔枝大战中，就提前空运荔枝到北京，在人口密集的地铁口赠送。顺丰的线上线下协同的营销方式让同行刮目相看。不仅仅是荔枝，嘉兴的粽子、内蒙古的羊肉等各种地方特色的商品同样通过这样的快速供应链模式卖到消费者手上。

3. 特色农产品馆模式

特色农业馆模式是顺丰优选在2013年12月启动的新模式，将顺丰优选、顺丰速运、地方政府“三位一体”的整合，是新型地方特产电商化运营模式。

（1）采购环节。与地方政府合作（地方特色馆），由地方政府进行品牌背书，政府负责推荐当地安全优质的食品供应商并提供政策支持，通过产地直供模式，取消中间环节。

（2）运营整合。顺丰速运的地方工作人员帮助进行商品甄选和供应商审核，并通过顺丰的快速物流进行商品配送。

（3）营销方面。顺丰优选提供商品销售和推广平台。

（4）农村战略。2014年4月，顺丰速运已经启动了农村战略，全面布局农村乡镇快递市场，这对特色农产品馆来说，彻底打通了前段的供应链接口。目前已上线湖南、金华、厦门、新疆、宁波、云南、大连、北京、安徽、吉林地方特色馆，顺丰优选成为继淘宝之后第二家上线地方特色馆的电商平台。

4. 高端家庭蔬菜宅配卡定制预售模式

顺丰优选低调推出一种有机蔬菜宅配卡模式，主要针对顺丰优选的家庭高端定制服务。

（1）基地整合。顺丰优选已联合北菜园、草鲜禾堂、维真、汇源四大有机蔬菜基地。

（2）定制预售。向北京、天津两地用户推出有机蔬菜宅配卡，长期以及定期将有机蔬菜配送到户。

（3）运营模式。用户可根据家庭人口数选择不同的蔬菜包装。有机蔬菜宅配为每周1～2次，商品种类可在一定范围内任意搭配，对于菜品和配送时间，用户可随时致电客服进行调整。

这是顺丰优选为高端用户提供定制化服务的首次试水，未来顺丰优选还将在更多城市推广宅配业务，并推出以“顺丰优选”命名的宅配卡。

（三）未来顺丰优选的新趋势

1. 未来顺丰优选的营销方面一定是O2O的多向营销

（1）快递员精准地推。顺丰拥有几十万的快递员，这是顺丰优选重要的地推队伍，这是其他所有电商都不具备的全国独特资源。最重要的是使用顺丰的用户都是中高端用户，这对于顺丰优选的目标群来说是绝对的精准。

（2）移动终端体验。online的营销是用户体验的核心。这里说的移动终端包括顺丰的微信、APP、400电话、顺丰快递员手机等待语音等。其中最重要的是微信终端，顺丰速运是最早重视微信的快递企业，在微信下单、查件、快递员追踪等方面做的淋漓尽致。2013年顺丰速运的包裹业务量超过10亿，10亿包裹占据了多数的高端用户，而且已经通过微信体验，这将是顺丰移动终端营销的重要平台。

（3）顺丰嘿客店的体验营销。2014年5月顺丰已经启动了嘿客便利店，并将全国布局3 000多家，未来将布局3万家。嘿客社区综合服务平台渗透到每一个社区，这将成为顺丰优选线下营销的重要平台。

（4）跨界整合营销。2014年，顺丰优选大力尝试跨界营销，比如与雕爷牛腩餐厅、海底捞、电台推荔枝FM等模式，成功实现多渠道用户的体验。同时顺丰优选的互联网营销在过去两年的发展中，积累了非常成熟经验。所以，从营销角度看，未来顺丰优选，已经实现了全渠道多层营销格局。

2. 全国生鲜、特产基地全线整合

从目前的产地直采、特色农产品馆、高端家庭蔬菜宅配卡模式来看，依托快速的物流体系，顺丰优选很可能全面整合全国所有有价值品类的商品，季节性进行精准营销，打造快速的供应链服务体系。

3. 布局全国最大、最快速的冷链物流大网

目前顺丰航空拥有34架货机资源，其中自有全货机15架。生鲜电商的核心命脉就是冷链物流，顺丰的全国全网冷链物流布局，依托顺丰的大网优势，在2014年已经全面铺开，而且步伐逐步加快。未来的顺丰很可能布局全中国最快、最全、渗透最末端的冷链物流大网。

不管是阿里巴巴、京东、1号店，还是其他生鲜电商，在冷链物流这张网上，顺丰将一枝独秀，决胜天下。

4. 顺丰嘿客便利店，顺丰优选渗透社区的利器

如果有一天，高端社区都被嘿客便利店覆盖过后，这是一件可怕的事情。先不管嘿客便利店的经营情况，为顺丰优选提供全品类的生鲜农产品末端营销、末端O2O体验、末端提货、预售等，这是其他所有生鲜电商无法具备的优势。

（四）同行的模式对比

1. 顺丰优选与1号店

采购方面：顺丰优选是自主直采为主，1号店是依托沃尔玛体系进行采购整合。

物流方面：顺丰有着独特的物流体系，1号店自建和合作物流实现网络覆盖和快速的物流体验。

2. 顺丰优选与京东

顺丰优选和京东都具备O2O的布局，这是两家平台独具的优势。两家企业都开始整合基地进行直采，京东作为上市公司，已经和北京周边的农产品整合，同时与新希望建立战略合作。两家的物流差异比较大，顺丰的自建冷链物流体系逐步成熟，京东现在才开始推进，冷链物流投入周期长，而且资金投入量大。

3. 顺丰优选与阿里巴巴

阿里巴巴是最早渗透农业的电商平台，但阿里的菜鸟在过去一年的运营中，都是利用社会冷链物流资源，实现的是二段式配送。在天猫、淘宝、聚划算的客户中，很大程度还是利用顺丰的物流体系。一个开放的平台和一个专业的平台的运营方式存在这多种差异。

从趋势上看，顺丰优选不仅仅生鲜电商，伴随着平台化的发展，顺丰会将顺丰速运＋顺丰优选＋嘿客便利店＋移动互联技术＋金融服务等全面整合，特别是顺丰的冷链布局和农村物流布局，蕴含重大战略。大运营体系将是：商贸＋物流＋互联网＋大数据＋金融支付＋O2O体验的综合体。顺丰及顺丰优选最终将打造的是一体化的生活服务。

【案例分析】

顺丰目前已建有6 000多个营业网点，覆盖了全国31个省、自治区和直辖市，300多个大中城市及1 900多个县级市或县区，还包括港澳台地区。从2007—2012年，在国外开始设立营业网点，已陆续覆盖新加坡、韩国、马来西亚、日本、美国全境。顺丰速运承诺48小时内到达，安全、迅速、高效。顺丰作为物流公司跨界农产品电子商务行业，其核心竞争力自然也是物流优势。

顺丰优选以B2C为切入，依托顺丰快速的物流通路，打造中国生鲜电商独特的供应链，可以算是“快时尚”的生鲜电商供应链模式。未来的电商，得物流得天下。截至2014年8月，顺丰优选经历了7次扩张，顺丰优选的常温商品已覆盖全国，生鲜商品如今已能覆盖河北、江苏、浙江、广东省的主要城市。目前业内的冷链配送模式主要分为：自建冷链宅配、第三方冷链干线运输与落地配、一段式全程冷链、二段式半程冷链几种。顺丰优选依托顺丰速运的物流网络，采用的是“全部自建的一段式全程冷链”，通过速度与不间断冷链最大限度确保新鲜。除冷链物流优势外，顺丰长期承担国内网购高端用户市场的配送，拥有大量的用户数据，拥有庞大的客户群体系（月结客户、集团客户、大客户），其市场推广成本相对廉价。

三、以大数据管理为核心的网络营销

案例12　1号店的商业模式[①]

电子商务的B2C模式可分为两种形式，一种是自主经营，另一种是平台模式。而1号店的网上超市模式是这两种模式的结合，百货商店模式就是1号店自主经营的网店，商品的卖家是1号店，而综合商城模式是指1号店中的1号商城，它是1号店为其他商家提供的平台，商品的卖家是进驻1号店的商家，也就是平台模式。1号店这种网上超市的综合模式实际上与线下的超市是一致的，一般的超市不仅仅卖百货，还会提供一些店面给其他商家，譬如各种专卖店。1号店只是将这种超市模式搬到了网上。

（一）1号店“百货商店+综合商城”运营模式

1. 百货商店模式

1号店一开始的口号就是要打造网上沃尔玛，而经营线下超市的关键是供应链的建设和管理，沃尔玛就是以其强悍的供应链管理著称。作为1号店的商业哲学，这种发展思路为其树立起了难以被同行及新进者逾越的竞争壁垒。1号店的供应链系统主要包括五大模块。

（1）系统和平台。1号店认为在电子商务领域内，突破性的成

① 李洪心．电子商务案例分析［J］．大连：东北财经大学出版社，2013.

就应该来自供应链和业务模式，所以其团队自行研发后台供应链管理系统，包括了供应商管理系统、仓库管理系统、会员管理系统、财务管理系统、管理报表系统、物流管理系统等，而这些系统彼此又能无缝对接。这系统被视为核心竞争力，是其不会被其他企业模仿的壁垒。这套具有“别人不可复制”特性的后台管理系统，申请了多项专利技术并获得了124个软件著作权。1号店用这些技术成果大幅度提高了效率，降低了运营成本。

例如其中有一个自动采购系统，当库存低于安全库存的时候，就会自动下单，然后给供应商寄过去，然后追踪整个送货过程。在顾客这端，有货的时候顾客可以立刻购买，缺货的时候客户可以预售登记。在无此产品的时候1号店可以把客户输入的关键词集中起来进行统计，最后把这个信息送到1号店的产品部，产品部根据这些信息去采购，就知道有多少顾客对哪一种商品感兴趣，1号店可以针对顾客群采购想要的商品。

（2）采购。1号店对供应商的筛选和管理非常严格，它制定了一系列指标，重点是品牌和质量，还有供货及时性和售后服务等，然后尽量上移，就是从二级代理商发展成一级代理商直至发展到厂商直供。另外，1号店还通过多种商务模式来提供更丰富的品类。所有商品中，只有一部分是买断来销售的；一部分是寄售，销售掉了才结算；还有一些是转单，收到订单以后转给商家，让商家去完成订单履行和售后服务。把所有可能的商务模式集成起来，按照各个不同的渠道、不同的方式去优化，使得1号店可以以最低成本、最高效率为客户服务。

（3）仓储。1号店拥有北京、上海、广州、武汉、成都五个仓储中心。建立仓储中心是根据该地区订单来决定，只有当订单量达到预定的数量时才在该地建立仓储中心。这样有效地控制了物流成本，据统计1号店物流成本与第三方物流公司是持平的。

（4）配送。在布局仓储中心的同时，1号店还决定自建配送系统。截至2011年12月，已在34个城市设立了140多个自主配送中心。2012年的计划是将配送团队扩展到上百个城市。

1号店的配送方式有两种：一是自主配送，这种方式在一线城市能实现半日达，而在一些二线城市能实现次日达。目前，1号店70%的订单由自建配送系统配送。无论从及时配送率、配送成功率，还是顾客满意度、破损、溢漏，少货率来看，自建配送的指标都要优于第三方配送公司，大大提高了客户体验的满意度。二是对于自主配送无法到达的地区采取与第三方快递公司合作的方式配送。

正是因为大部分订单都能实现自主配送，所以1号店可以实现多种支付方式，主要有：返利支付（积分）、货到付款（现金）、货到刷卡（银行卡、购物卡等）、网上银行支付（支持10多家银行卡及支付宝、快钱等平台）、银行转账、邮局汇款。

（5）顾客关系管理模块。对顾客行为做大量的数据分析，建立顾客行为模型，然后根据顾客的不同特点为他们做新品推荐。

2. 综合商城模式

作为B2C平台战略的重要组成部分，2011年7月，1号店正式推出了“店中店”平台模式——1号商城。该模式的上线使1号店的发展走上了一条多元化的商业道路，并将商业模式的可扩性带上了一个新的台阶。通过引入联营商，1号店打破了针对消费者的B2C模式，逐步向B2B2C的纵深模式发展，从而更好地构建、整合供应链，满足顾客一站式购物的需求。

（1）1号商城的理念。致力于为广大顾客打造“体验一流、诚信服务、品类齐全、品牌荟萃、方便快捷”的一站式购物平台。

（2）1号商城的业务。为广大顾客提供涵盖护肤美妆、珠宝饰品、手表眼镜、服装、内衣、鞋靴运动、箱包皮具、家居家饰、汽配、母婴、数码家电、特色美食等十几大品类、数十万种商品，且数量仍在快速增长中。

（3）1号商城入驻收费标准。商品质量保证金，5 000～10 000元/店（“无忧购物保障”的先行赔付）；技术平台使用费，以每个店铺的SKU数计算，按年度交纳，SKU数在500以内的，3 600元/年，SKU数在500～1 000的，6 000元/年，SKU超过1 000

的，10 000 元/年；交易佣金，按实际成交金额计算交易额抽成。

(4) 1 号商城的成果。自运营以来，交易额增长超过 300 倍，成为中国电子商务行业“B2B2C”模式最具有价值的平台之一。

（二）1 号店的营销策略

1. 会员营销

1 号店很注重会员营销，这和它关注客户重复购买率的理念是一致的。1 号店有统一的积分体系和制度，大部分商品都有积分，不同商品的积分不同，不同等级会员享受的积分也不相同。会员可以通过购物、参与社区互动赚取积分。积分可以直接用于支付购买商品。会员还被鼓励自发组织购物工会，工会成员的积分返利比例和整个工会的交易额相关。

2. 搜索引擎营销

搜索引擎营销是大多网购企业不敢忽视的一种营销手段，因为我国的网民对搜索引擎的依赖度相当高，它是进入企业网站的一个主要入口。1 号店 30%的流量是来自搜索引擎，这不仅源于引擎广告，还要归因于搜索引擎优化做得非常好。

3. CPS 联盟

CPS（Cost Per Sale）是指为基于成功销售而收取一定比例佣金的商业合作方式。CPS 广告联盟就是按照这种计费方式，把广告主的广告投放到众多网站上，以实际销售产品数量来计算广告费用，是最直接的效果营销广告。

1 号店以 CPS 联盟形式在各大论坛、主流网站刊登广告，如天涯论坛合作的品牌专区，多家返利网站的合作，让 1 号店用最小的营销成本获得了庞大的用户群。

4. 娱乐营销

2011 年，“国民媳妇”海清成为 1 号店的形象代言人。1 号店认为，海清代言 1 号店不仅是一种商业化行为，更是在引领一种新的生活方式潮流。她健康正面的公众形象与 1 号店结合在一起，彰显的是 1 号店为大家创造更好的生活服务的实质。

5. 低价竞争

目前在1号店销售的商品中，日用快消、美容护理和母婴产品是销量最大的三类。由于这些商品的购买量大、重复购买次数多，人们对价格的敏感度也比较高。1号店每天提供两款五折产品分时段限量抢购，颇有“天天秒杀”的意味。而且全站所有商品的价格说明后面都有这样一句话：8点前下单，当天出库。

1号店直接将价格的竞争目标瞄准家乐福。消费者如果发现并报告购买的产品价格高于家乐福的价格，就会得到奖励。

（三）1号店的盈利模式以及业务创新

1. 1号店的盈利模式

1号店的利润来源于以下几个方面：商品的进出差价；厂家返点、上架费、促销费用；广告和推广费用；其他商家入驻费。

2. 1号店的业务创新

创新对于任何一家企业，尤其是创业公司，都尤为重要。要使企业能够长久而持续的创新，需建立一套系统的创新体系，包括营造一个开放和鼓励创新的氛围、激励机制、资源分配机制等。1号店自成立以来，也做了大量创新，并设立有创新委员会。2011年，无限1号店、一页购、一号团、名品特卖、一汽配城等创新型产品上线。

（1）无限1号店。1号店不断尝试业界领先的创新之举。代表最新移动互联网技术的无限1号店自2011年推出以来，凭借其便捷的操作，丰富的功能，满足中、高端消费者完成实现实时移动购物的需求，被国内外媒体和企业关注。先后有美国、日本、德国企业代表团队来参观学习，被誉为中国的“掌上智能网超”。用户只需在手机上下载“掌上1号店”应用，对着线下地铁站、公交站贴出的相关广告上的产品二维码进行扫描，即能通过手机完成购物。

“四个一”亮点：一扫既得：条码扫描商品，比价购买；一页购买：添加购物便签，快速购买通道；一键分享：商品信息一键分享给好友、转载至微博；一站式购物：商品搜索、购买、下单、送货上门一站完成。

“无限 1 号店”创新模式带来了显著的营销效果：一是品牌的关注度提升了 3 倍多，提高了企业的知名度，展示了企业的品牌形象；二是扩大了手机移动客户端“掌上 1 号店”的影响，让更多用户知晓和体验；三是为 1 号店带来了实在的订单增长，促进了销量的上升。

（2）夜市抢购。1 号店夜市抢购网页在每天 19：00～24：00 才能浏览，页面商品平时是冻结状态，晚上到点后，就会自动跳转过来。在这一时间段，参与抢购的商品往往折扣都特别低，甚至可以达到 2～3 折的优惠。产品种类也广泛，从日常生活用品到数码电子产品、大家电等，满足了消费者购物所需，因而越来越受到消费者的关注和青睐。从 1 号店夜市专场抢购的参与人员来看，一般参与夜市抢购活动的基本都是工薪白领。一方面，由于白天上班没有太多闲暇时间，夜市抢购时间段恰是他们习惯性的购物时间；另一方面，夜市专场的物美价廉确实是一个很大的诱惑。

（3）一页购。打开 1 号店的首页，登录账户，进入了“一页购”页面，就是自己独有的购物页面了。网页会自动保存购物记录，而且通过建立自己的购物列表，可以把自己想买的商品种类随时添加在一个页面中。不仅如此，轻击鼠标还可以随意添加编辑自己的购物列表，把常买的商品统统集中到一页上，之后短短 10 分钟之内，需要的商品就可以完成购买、省去许多浏览、搜索时间。

【案例分析】

农产品作为 1 号店经营品种的一部分而不是全部，实质是规避了经营风险。1 号店打破了传统电商从垂直型逐步向综合型过渡的商业模式，直接采取了以家庭日常消费需求为核心，其他辅助需求为依托的“网上超市”综合式电商模式。其最大优势在于一定程度上增加了电商企业自身体系的可扩性，有效避免了模式的转型之痛。相比较为僵硬的垂直型模式，这种模式在企业创立初始就做好了未来横向纵向扩展的准备，使其能够较为容易的拓展到其他不同种类产品，也规避了转型风险。1 号店选择网上超市模式还因为百货行业非常容易发生重复购买并且毛利率也相对较高。日用家电厂商的毛利率在3%～5%，而百货零售业的毛利率却可达到25%。另外，对于任何一家零售电子商务网站，消费者的重复购买率才是最关键的指标。通常情况下，B2C网站通过市场营销获得客户所花费的成本绝大多数发生在他完成第一次购买之前。而第一次购买所带来的利润往往远低于这个成本。因此，如果转化的客户不能重复购物就是净亏损。而一般消费者在诸如3C数码等一些垂直B2C网站上所产生的重复交易相对有限，这也是为什么原先许多垂直领域中的B2C网站都在试图向更扁平的百货转型。丰富的商品是提高现有客户重复购买率的关键。1号店直接切入用户非常容易发生重复购买并且毛利率也相对较高的日用百货行业，把传统零售渠道在房地产方面的成本节省下来，通过低价、免运费回馈给消费者。这是一个道理非常简单却又包含了真实价值的服务。因此，如果1号店能在资本运作、系统搭建、仓储和物流配送系统建设上具备出色的执行力，它或许有希望成为第一个避免Webvan命运的网上超市，取得具有相当高门槛的成功。

参 考 文 献

李嘉，严继超，胡向东.2013.市场营销理论与实践［M］.北京：中国农业出版社.

第三章 ❯❯❯

丝绸之路发展中的农产品国际贸易案例分析

> **内容提示：** 随着经济全球化的不断深入，特别是中国加入WTO后，农产品国际贸易给中国农业发展带来更多的机遇和挑战。对农产品国际贸易案例的分析和研究将拓宽我们的视野，有助于提升中国农业发展的竞争力。此章主要介绍了农产品国际贸易的主要分类，包括联合国国际贸易标准分类目录中的农产品、WTO农产品分类、世界海关组织制定的《商品名称及编码协调制度》中的农产品分类；农产品国际贸易分析中的常用指标；丝绸之路发展中的农产品国际贸易案例选取了对日农产品出口和上海自由贸易试验区中的案例进行分析。

第一节 农产品国际贸易分类和常用分析指标

随着生产力的发展，人类社会分工的逐步加深，剩余产品逐渐增加，商品交换的规模增大，频率增加，加速了私有制的产生。到了奴隶社会初期，由于国家的出现，商品流通逐步发展并在空间上超越了国界，国际贸易就出现了。农产品国际贸易是世界上不同国家或地区之间的农产品买卖活动，主要由进口和出口两个部分组成。广义的农产品包括农作物、畜产品、水产品和林产品，狭义的农产品则仅指农作物和畜产品，国际贸易中的农产品通常指狭义而言。

一、农产品国际贸易分类

农产品国际贸易的特殊性主要在于农产品的产业特殊性、产品特性和农业政策的特殊性。就国际贸易的方式而言，农产品与其他制成品贸易之间存在明显的差别。

（一）农产品贸易的产生

早在公元前14世纪，腓尼基商人就开始经营地中海地区的农产品国际贸易。腓尼基（Phoenicia）是古代地中海著名的商业民族，腓尼基西临地中海，东倚黎巴嫩山，北连小亚细亚，南邻巴勒斯坦，其地理范围大致相当今日的黎巴嫩及其周边地区。腓尼基境内多山，盛产珍贵木材，沿海平原土质肥沃，极易农耕，坡地利于经济作物种植，盛产橄榄、葡萄和椰枣，因地处西亚海陆交通要冲，有利于商业和航海事业的发展。

到公元前5世纪，希腊的雅典已成为该地区的国际贸易中心。橄榄油、葡萄酒和蜂蜜等从雅典输往海外，输入产品主要是粮食、牲畜、鱼类和木材等。到中世纪时，自然经济虽占主导地位，但国际贸易并未中断。除东起中国长安（今陕西省西安市）西行经中亚、西亚抵达地中海东岸，转达罗马和欧洲各地的著名商路——丝绸之路外，另有一条商道从海上把印度的香料和非洲的象牙等运到阿拉伯半岛或波斯湾，再经地中海东岸转达欧洲。公元5世纪，中国至印度、波斯湾的海上航路也已开辟。7—13世纪（中国唐宋时期），中国与西方的海上贸易盛极一时，广州、泉州成为当时国际贸易的重要港口，农产品则是贸易的主要内容。15世纪时的明代，郑和7次下西洋，此举也扩大了中国与南洋群岛、印度洋沿岸和非洲之间的农产品贸易。

近代国际贸易始于新航路发现之后。国际贸易中心由地中海转到大西洋，最初为西班牙、葡萄牙所控制。17世纪荷兰的海外贸易趋于发达，进行广泛的殖民掠夺；接着英国和法国也开拓了北美殖民地，英国还垄断对印度和远东的贸易，国际农产品贸易成为资本主义国家对殖民地进行经济侵略的手段。工业革命以后，由于工业原料需求激增、交通运输工具和通讯设备进步以及农业生产迅速发展，农产品国际贸易的规模不断扩大，形成了许多世界性的集散市场。19 世纪后各种商品交易所，如芝加哥的谷物交易所、牲畜和肉类交易市场，纽约的棉花交易所、咖啡和食糖交易所，伦敦的可可交易所、茶叶拍卖市场和肉类中心市场，澳大利亚悉尼的羊毛拍卖市场，新加坡的橡胶交易所等陆续兴起。它们对农产品国际市场价格起着重要作用。

（二）农产品国际贸易的分类方法

农产品种类众多，属性差异较大，按产品属性和要素密集性划分农产品成为广泛采用的分类方法。因此，清晰的分类使每一个农产品代码对应属性完全相同或相近的产品类别，具有促进贸易发展的重要意义。

《联合国国际贸易标准分类目录》（Standard International Trade Classification，SITC）和《商品名称和编码协调制度》（Harmonized Commodity Description and Coding System，HS）是世界各国对贸易商品进行归类统计的基础。现有的农产品分类方法都有一定的适用性，对统一贸易口径，比较贸易效果发挥了重要作用，但也有一定的局限性，需要随着贸易的发展逐步完善。比较具有代表性的农产品分类方法如下：

1. SITC 分类农产品

国际贸易标准分类（Standard International Trade Classification，SITC），由联合国统计局主持制订、联合国统计委员会审议通过、联合国秘书处出版颁布。最近的一次修改为第四次修订版，于 2006 年 3 月获联合国统计委员会第三十七届会议通过。该分类法将商品分为 10 大类、63 章、223 组、786 个分组和 1 924 个项目。旨在统一各国对外贸易商品的分类统计和分析对比。

SITC 分类的主要依据是商品性质及其制造材料、加工处理程度等，采用经济分类标准，按照原料、半制成品、制成品顺序分类，在它的编号中第一位数字表示类、第二位数字表示章、第三位数字表示组、第四位数字表示分组。如果对分组再进行细分，五位数即表示品目，六位数字表示细目。SITC分类反映了商品的产业来源部门和加工阶段，突出产业特征，属于生产口径。

表3-1 SITC分类农产品

SITC分类	农产品品名
0类（00～09章）	食品及活动物
1类（11～12章）	饮料及烟类
2类（21～23章，26～29章）	非食用原料（燃料除外）
4类（41～43章）	动植物油、脂及蜡燃料

2. WTO农产品分类

WTO农产品分为13类，WTO《世界贸易发展报告》中包括水产品、蔬菜和水果、咖啡及茶与可可及其制品、糖及糖果、香料及谷类与其他制作食品、谷物、动物及动物食品、含油种子及油脂及制品、花卉及植物、饮料及含酒精饮料、乳品、烟草和其他农产品，涵盖了HS体系下的全部农产品。

WTO农业协议书还说明了农业贸易的产品范围。受到WTO农业协议约束的农产品主要是H.S编码0～24章中除去鱼类的所有产品，再加上其他有关产品，约有160个8位税目产品。不包含鱼类产品的原因是在WTO组织内另有工作机构执掌鱼类多边贸易问题。

3. HS分类中的农产品

《商品名称及编码协调制度》（Harmonized Commodity Description and Coding System，H.S，以下简称《协调制度》）是指原海关合作理事会（1995年更名为世界海关组织）在《海关合作理事会商品分类目录》（Convention on Nomenclature for the Classification of Goods is Customs Tariffs，CCCN）和联合国的《国际贸易标准分类》（SITC）的基础上，参照国际上主要国家的税则、统计、运输等分类目录制定的一个多用途的国际贸易商品分类目录。该目录在国际上影响很大，已为180多个国家（地区）所采用。经国务院批准，我国海关自 1992 年 1 月 1 日起开始采用，使进出口商品归类工作成为我国海关最早实现与国际接轨的执法项目之一。

《商品名称及编码协调制度》的基本结构。从总体结构上讲，《协调制度》目录与《海关合作理事会商品分类目录》基本一致，它将国际贸易涉及的各种商品按照生产部类、自然属性和不同功能用途等分为 21 类、97 章。《协调制度》主要是由税（品）目和子目构成［税号中第一至第四位称为税（品）目，第五位开始称为子目］，为了避免各税（品）目和子目所列商品发生交叉归类，在许多类、章下加有类注、章注和子目注释，设在类、章之首，解释税（品）目、子目的文字说明，同时有归类总规则，作为指导整个《协调制度》商品分类的总原则。

《商品名称及编码协调制度》所列商品名称的分类和编排是有一定规律的。从类来看，它基本上是按社会生产的分工（或称生产部类）分类的，将属于同一生产部类的产品归在同一类里，如农业在第一、二类；化学工业在第六类；纺织工业在第十一类；从章来看，基本上按商品的自然属性或用途（功能）来分类。第 1～83 章（第 64～66 章除外）基本上是按商品的自然属性来分章，而每章的前后顺序是按照动、植、矿物性质和先天然后人造的顺序排列，如第 1～5 章是活动物和动物产品；第 6～14 章是活植物和植物产品；第 25～27 章是矿产品。又如第十一类包括了动、植物和化学纤维的纺织原料及其产品，第 50、51 章是蚕丝、羊毛及其他动物毛；第 52、53 章是棉花、其他植物纺织纤维纸纱线；第 54、55 章为化学纤维。

《协调制度》属于贸易统计口径，成为国际贸易商品分类的一种“标准语言”。以商品原材料的属性为主线，其次考虑商品的用途和功能。按产品的加工程度划分类别，产品的加工程度越高、越复杂，商品的品目号排得越靠后。从品目的排列看，一般也是按动、植、矿物质顺序排列，原材料先于成品，加工程度低的产品先于加工程度高的产品，列名具体的品种先于列名一般的品种。如在

第44章内，税（品）目4403是原木；4404～4408是经简单加工的木材；4409～4413是木的半制成品；4414～4421是木制品。

表3-2 HS分类中的农产品

HS分类	农产品品名
1类（1～5章）	活动物；动物产品
2类（6～14章）	植物产品
3类（15章）	动、植物油、脂及其分解产品；精制的食用油脂；动、植物蜡
4类（16～24章）	食品；饮料、酒及醋；烟草、烟草及烟草代用品的制品

二、农产品国际贸易的常用分析指标

在农产品国际贸易的学习研究和实践过程中，经常碰到相关概念。下面从国际贸易基本指标的角度介绍相关的基本概念。

（一）进口和出口（Import & Export）

进口是在一定时期内因外购而运入的货物。出口是在一定时期内因外销而运出的货物。各国在编制对外贸易统计时，对进口和出口仍只统计有形商品，同时在作进口和出口的统计时，不是把所有运出的都列为出口，也不是把所有运入的都列为进口，如免费赠送的货样，有些国家给外国船只补充的燃料和食品亦不列入出口。因此，在进行进口和出口统计分析时还应注意：

1. 国境和关境的区别

这两者范围的大小并不总是一样的，世界各国在进出口统计时亦存在差别。许多国家划分进口和出口时，以国境为标准，如日本、英国、加拿大、澳大利亚、东欧各国等。而又有一些国家划分进口和出口时，以关境为标准，当外国商品进入国境后，暂时存放在保税仓库，还没有进入关境，一律不列为进口。如德国、意大利、瑞士等。

2. 关于进口和出口值以何种价格为标准的问题

世界上绝大多数国家，对进口值和出口值的统计分别是以CIF

（到岸）价格和FOB（离岸）价格进行计算的。因此，同一批货物，出口国统计的出口值要低于进口国统计的进口值，两者的差额主要是运费和保险费。

（二）净出口和净进口（Net Export & Net Import）

一国在对外贸易中既有出口又有进口，就是同一种商品也存在这种有进有出的情况。在一定时期内（如一年）将某种商品的出口数量与进口数量加以比较，若出口数量大于其进口数量，其差额称为在这一时期内该种商品的净出口；若进口数量大于出口数量，其差额称为在这一时期内该种商品的净进口。净进口和净出口仅对某一类商品而言，一般用商品的实物量表示。

净进口和净出口状况反映一国某种产品的生产能力和消费水平，及其在国际贸易中的地位。净出口说明该种产品除了满足本国消费外，尚有余力用于出口，也说明该国在此种商品的国际竞争中处于有利地位。

（三）贸易值和国际贸易量

由于第二次世界大战后，美元成为世界上使用最广泛的国际货币，所以，许多国家除了用自己国家的货币来计算贸易值以外，还用美元来表示，以便进行国际间的比较。

1. 贸易值

贸易值（Value of Trade）是用货币的价值形态表示的贸易规模。对外贸易值是指一个国家在一定时期内（如半年或一年），出口值与进口值之和。例如，我国1979年出口值为人民币212亿元，进口值为人民币243亿元，则我国1979年对外贸易值为人民币455亿元。若按1美元兑换1.5元人民币计算，我国1979年对外贸易值约为303.3亿美元。一国对外贸易值代表其对国际市场的供应能力和吸收能力之和。国际贸易值是指在一定时期内世界各国的出口值之和。不是各国的对外贸易值之和，也不是各国进口值之和。

2. 国际贸易量

国际贸易量是用实物计量单位表示的国际贸易规模。这对一种商品来说是容易办到的。但是，参加国际交换的商品种类繁多，计量单位有很大差别，而无法相加。因此，在实际中只能以一定时期的不变价格计算的国际贸易值来近似表示国际贸易量，即剔除物价因素后，用不变价格计算的国际贸易值。

国际贸易量=国际贸易额/价格指数

（四）贸易差额（Balance of Trade）

贸易差额是指一个国家（地区）在一定时期（如一年）内，按贸易值计算的出口总值与进口总值相比之差额。若出口值大于进口值，叫做“出超”（Excess of Export over Import），或叫“贸易顺差”（Favorable Balance of Trade），亦叫“贸易盈余”。若出口值小于进口值，叫做“入超”（Excess of Import over Export），或叫“贸易逆差”（Unfavourable Balance of Trade），亦叫“贸易赤字”。

贸易顺差表明一个国家对外贸易收入大于支出，贸易收支处于有利地位。贸易逆差反映一个国家在对外收支中，入不敷支出，对外产生债务负担，缺乏对外支付手段，无力取得国外资源。因此，一个国家在对外贸易中应争取贸易顺差，避免贸易逆差。其基本手段是扩大出口。

对贸易顺差和逆差我们要辩证地看，在一定的条件下，贸易顺差是有利的，如果超出一定条件，可能就会就成有害的了。逆差也并非绝对是坏事，长期大量顺差会产生不利影响，要避免这一不利影响，就必须以逆差来平衡国际收支。大量利用外资的国家也可能出现逆差，这种利用外资出现的逆差，可以节约国内资金和资源，有利于经济发展，从长远看，利用外资形成的生产能力，可以增加未来的出口，减少未来的进口。这样，一时的适量的逆差可以换来生产和出口的增长。

（五）地理方向

地理方向一般从对外贸易和国际贸易两个方面来统计。对外贸易地理方向（Direction of Foreign Trade），是指一国的出口商品流向哪些国家或地区，进口商品由哪些国家或地区流入。因此，对外贸易地理方向又称为对外贸易流向。掌握一个国家对外贸易地理方向，有利于了解一国同世界各个国家、地区的联系的广度和深度，亦可以看出一国的主要贸易伙伴是谁。

国际贸易地理方向亦称为国际贸易地理分布，是指国际贸易值的国别或洲别的组成情况。它表明各洲、各国或地区在国际贸易中所占的地位，反映其生产力水平和参与国际商品流通的水平。

（六）贸易条件（Terms of Trade）

贸易条件又叫“交换比价”，或称为进出口商品交换比价，是指出口商品价格与进口商品价格之间的比率。通常从比较的商品彼此间的价格关系来确定它们的交换比率。也就是用一国在一定时期内的出口商品价格指数同进口商品价格指数对比来计算，其公式为：

贸易条件指数＝（出口价格指数/进口价格指数）×100

具体计算分析时，是这样进行的，即选定一定时期为基期，先计算出基期的进出口价格比率，以基期的进出口价格为准，计算各进出口期的价格指数，再利用上述公式计算各期的贸易条件指数，然后将其与基期相比较，如果某一时期一国的贸易条件指数比基期的大，表明该国的贸易条件向好的方面转化，即出口同等量的商品能换回比原来更多的进口商品；反之，贸易条件恶化。

进出口比价除了可以从一国（或贸易集团）的角度来研究之外，还可以从一定的地区或整个世界范围进行考察。例如，计算世界出口农产品或初级产品价格与工业品价格对比贸易条件。贸易条件可以用作计算国际间是否等价交换的一种指标。贸易条件指出口价格水平（或价格指数）与进口价格水平（或价格指数）之比，当这个比例提高时，称贸易条件好转，比例减低时为贸易条件恶化。贸易条件有以下几种：

1. 净贸易条件

净贸易条件是出口价格指数与进口价格指数之比，以 N 表示净贸易条件，则其计算方法为：

$$N=(P_x/P_m)\times 100$$

式中：P_x 为出口价格指数，P_m 为进口价格指数。例如，假定A国净贸易条件以1990年为基期100，2000年时出口价格指数下降10%，为90；进口价格指数上升20%，为120，那么这个国家2000年的净贸易条件为：N＝（90/120）×100＝75。这表明该国从1990年到2000年间，净贸易条件从1990年的100下降到2000年的75，2000年与1990年相比，贸易条件恶化。

2. 收入贸易条件

收入贸易条件是在净贸易条件的基础上，把贸易量考虑进来，分析进出口贸易的状况。以I表示收入贸易条件，其计算方法是：

$$I=(P_x/P_m)\times Q_x$$

式中，Q_x 为出口数量指数。出口数量指数即报告期和基期的出口量之比。

仍以上例A国为例，在进出口价格指数相同的条件下，该国的出口量从1990年的100提高到2000年的180。在此情况下，该国2000年收入贸易条件为：I＝（90/120）×180＝135。这表明A国尽管净贸易条件恶化了，但由于其出口量的增加，本身的进口能力2000年比1990年增加，收入贸易条件好转。

3. 单因素贸易条件

单因素贸易条件是在净贸易条件基础上，考虑劳动生产率的提高或降低后贸易条件的变化。以S表示单因素贸易条件，则其计算公式为：

$$S=(P_x/P_m)\times Z_x$$

式中，Z_x 为出口商品劳动生产率指数。出口商品劳动生产率指数为报告期和基期的出口商品劳动生产率之比。假定A国的出口商品价格指数与前例相同，而该国出口商品劳动生产率由1990年的100提高到2000年的140，则该国的单因素贸易条件为：S＝（90/120）×140＝105。这表明，从1990年到2000年期间，尽管净贸易条件恶化，但由于出口商品劳动生产率提高，不仅弥补了净贸易条件的恶化，而且使单因素贸易条件好转。

4. 双因素贸易条件

双因素贸易条件不仅考虑出口商品劳动生产率的变化，而且考虑到进口商品劳动生产率的变化。以 D 表示双因素贸易条件，其计算公式为：

$$D=(P_x/P_m)\times(Z_x/Z_m)\times100$$

式中：Z_m 为进口商品劳动生产率指数。

下面以上例中 A 国为例，假设进出口价格指数不变，出口商品劳动生产率指数不变，而进口商品劳动生产率的指数从 1990 年的 100 提高到 2000 年的 105，则双因素贸易条件为：D=（90/120）×（140/105）×100=100。这说明，如果同时考虑出口商品劳动生产率指数和进口商品劳动生产率指数，则贸易条件没有变化。当然，随着两指数取值的不同，贸易条件可能好转也可能恶化。

（七）对外贸易依存度（Ratio of Dependence on Foreign Trade）

对外贸易依存度又叫对外贸易系数。一国对外贸易依存度是指该国对外贸易额在该国国民生产总值（或国内生产总值）中所占比重，其计算公式为：

对外贸易依存度=对外贸易额/国民生产总值（国内生产总值）×100%

对外贸易额分解成出口值和进口值，则可计算出该国的出口依存度和进口依存度。如果从世界范围考虑又可得到世界出口依存度和世界贸易依存度。

（八）国际贸易商品结构

国际贸易商品结构（Composition of International Trade）是指一定时期内各大类商品或某种商品在整个国际贸易中的构成，即各大类商品或某种商品贸易额与整个世界出口贸易额相比，以比重表示。在国际贸易中，通常把进出口商品分为两大类：一类为初级产品，即没有加工或粗加工的农、林、牧、渔、矿产品；另一类为工业制成品，即经过充分加工的工业品。初级产品与工业制成品的比例关系就是我们通常所说的商品结构。

一国对外贸易商品结构可以反映出该国的经济发展水平、产业结构状况、科技发展水平等。国际贸易商品结构可以反映出整个世界的经济发展水平、产业结构状况和科技发展水平。国际贸易商品结构的高级化与产业结构调整，国际贸易商品结构高级化主要表现在货物贸易商品结构的高级化和服务贸易商品结构的高级化。

第二节　丝绸之路及案例分析

一、丝绸之路简介

“丝绸之路”是指古代中国连接亚洲、非洲和欧洲的古代陆上商业贸易路线。它跨越陇山山脉，穿过河西走廊，通过玉门关和阳关，抵达新疆，沿绿洲和帕米尔高原通过中亚、西亚和北非，最终抵达非洲和欧洲。

它也是一条东方与西方之间经济、政治、文化进行交流的主要道路。它的最初作用是运输中国古代出产的丝绸。因此，当德国地理学家费迪南·冯·李希霍芬（Ferdinand Freiherr von Richthofen）最早在 19 世纪 70 年代将之命名为“丝绸之路”后，即被广泛接受。

公元前 4 世纪的印度书中已有关于中国丝绸的记载。德国考古学家曾在德国南部斯图加特的霍克杜夫村的一座公元前 500 多年的古墓中发现了中国丝绸服装的残片。可见，早在西汉之前，“丝绸之路”就已经出现了。“丝绸之路”正式得到官方支持与保护，成为中国对外贸易陆上通道，是从汉朝开始。公元前 138 年和公元前 119 年，汉武帝两次派张骞出使西域，结交友邦，平定匈奴，并采取了一系列措施加强控制与管理，保证了丝绸之路的畅通。这条道路的开通和中国的张骞是分不开的，张骞在公元前 138 年为中国人发现了中亚。在公元前 50—前 40 年开始的这些地区之间商业和文化往来就迅速发展了起来，随着通商道路的开通，商贸就获得了迅速的发展，从而使这条道路成为丝绸之路的基础。这是一条由东到西横贯整个中亚的重要商贸与文化交往的要道，后来，中国汉王朝集中力量开辟从中亚经伊朗、土耳其通往地中海沿岸国家的交通线。中国商人向欧洲运送香料、瓷器、装饰品、丝绸，而这些商品成为与欧洲进行商品交换的主要产品。中国商人用丝绸从游牧民族那里交换贡品，丝绸是古代中国沿商路输出的代表性商品，而作为交换的主要回头商品，也被用作丝路的别称，如“皮毛之路”“玉石之路”“珠宝之路”和“香料之路”。

丝绸之路沿着戈壁通向西部敦煌，在那里分为北道和南道。南道从鄯善西行至莎车，北道经吐鲁番通往塔里木绿洲并由此到喀什。商队从喀什出发前往费尔干纳（大宛）和巴克特里亚（大夏）。张骞谈及大宛国和大夏国的印象时说，它们在文化发展水平和风俗人情方面没有什么差别。他在大宛国遇上了定居的当地农民，当地农业发展成就令他惊奇。张骞在访问大宛之后，向中国内地引进了培育苜蓿和葡萄的技术，中国史学家把在中国出现栽培石榴、黄瓜、核桃、无花果树等也与张骞联系起来。古丝绸之路是我国古代连接东西方陆路的商业通道。丝绸之路涉及范围较广，包括东亚、中亚、南亚、西亚、欧洲和非洲，历史上的国家众多，民族关系复杂，因而路线常有变化。而现在东起我国江苏省连云港市，经西安、敦煌、嘉峪关、乌鲁木齐，西出我国新疆西北边境的阿拉山口，然后穿越哈萨克斯坦、俄罗斯、白俄罗斯、波兰、德国和荷兰等国，直达荷兰北海边的阿姆斯特丹市、鹿特丹港，全长 11 000 公里的亚欧大陆桥，已成为我国连接太平洋、大西洋的重要国际海陆商业通道。

北方陆上丝路是由黄河中下游通达西域的商路，所经路线主要有北线、南线和中线三条：

北线由长安（东汉时往东延伸至洛阳），沿渭河至虢县（今宝鸡），过汧县（今陇县），越六盘山固原和海原，沿祖厉河，在靖远渡黄河至姑臧（今武威），路程较短，沿途供给条件差，是早期的路线。

南线由长安（东汉时由洛阳）沿渭河过陇关、上邽（今天水）、狄道（今临洮）、枹罕（今河州），由永靖渡黄河，穿西宁，越大斗拔谷（今偏都口）至张掖。

中线与南线在上邽分道，过陇山，至金城郡（今兰州），渡黄河，溯庄浪河，翻乌鞘岭至姑臧。南线补给条件虽好，但绕道较长，因此中线后来成为主要干线。南北中三线会合后，由张掖经酒泉、瓜州至敦煌。敦煌至葱岭（今帕米尔高原）或怛罗斯（今哈萨克斯坦的江布尔城）。

海上丝绸之路起于秦汉，兴于隋唐，盛于宋元，明初达到顶峰，明中叶因海禁而衰落。海上丝路的重要起点有番禺（后改称广州）、登州（今烟台）、扬州、泉州、刘家港等。规模最大的港口是广州和泉州。广州从秦汉直到唐宋一直是中国最大的商港，明清实行海禁，广州又成为中国唯一对外开放的港口。泉州发端于唐，宋元时成为东方第一大港。

海上丝绸之路可分三大航线：①东洋航线由中国沿海港至朝鲜、日本。②南洋航线由中国沿海港至东南亚诸国。③西洋航线由中国沿海港至南亚、阿拉伯和东非沿海诸国。①

二、丝绸之路发展中的对日农产品出口案例分析

日本不仅是中国一衣带水的邻邦，而且是中国最大的农产品出口市场，是中国海上丝绸之路的重要贸易伙伴。对日出口农产品占中国农产品出口总额的30%左右，根据日方进口统计资料，中国干鲜香菇、木耳、保鲜大蒜、芦笋罐头、大葱、保鲜豌豆、水煮笋、烤鳗、蜂蜜等商品在日本进口中的比重均占90%以上；胡萝卜及萝卜、绿豆、荞麦、红小豆、菜花、板栗、姜、花生仁果、茶叶、冷冻草莓、洋葱、肠衣、苹果汁、松茸、梭子蟹、香肠、冷冻菠菜等商品的进口份额均在50%以上。由于中国出口日本的农产品规模大、品种多，并且大多数产品在日本进口市场中占有较高份额。因此，日本实施“肯定列表制度”必然对中国输日的农产品产

① 林梅村，丝绸之路考古十五讲［M］. 北京：北京大学出版社，2006.

生深刻的影响。

（一）日本肯定列表简介

日本是食品和农产品进口大国，60%左右的农产品需要依赖进口。由于日本进口农产品频繁出现农业化学品超标事件，消费者对食品安全产生了严重的信任危机。为加强食品（包括可食用农产品）中农业化学品（包括农药、兽药和饲料添加剂）残留管理，2006年5月29日开始实施“食品中残留农业化学品肯定列表制度”，简称“肯定列表制度”（Positive List System）。日本的“肯定列表制度”共分为“现行标准”“暂定标准”“禁用物质”“豁免物质”和“一律标准”五类。涉及对所有农业化学品的管理，几乎集成了国际上所有的农药残留标准，范围之广、标准之严前所未有，它的实施对中国输日农产品企业带来深远的影响。

日本“肯定列表制度”具有如下特点：

1. 日本“肯定列表制度”的内容更全面

日本“肯定列表制度”的主要内容是“两个限量”即暂定标准（Provisional Maximum Residue Limits）和一律标准（Uniform Limits），具体内容主要包括以下几点：①对世界上所有使用的农业化学品都设定残留限量标准。②对于已有残留限量值或有临时残留限量值参考资料的农业化学品，制定暂定标准，并根据参考资料及新毒理学资料的变化情况每5年复审一次。③对于缺少设定残留限量值所需的参考资料的农业化学品，制定一律标准为0.01毫克/千克。日本在确定统一限值水平时是按1.5毫克/（人・天）的毒理学值作为计算基准的，部分国家也有制定统一限值，其水平在0.01～0.1毫克/千克，日本采用偏严的标准。④对可能致癌而不能设定每日允许限量的农业化学品，仍以“不得检出”（Not Detected）为标准。⑤对于在日本根本不使用、或者只在有限的农作物中使用的农药，其他国家可通过厚生劳动省建立的国外申请系统，申请它们在特定农作物上的使用并制定最大残留限量。⑥禁止销售含有“肯定列表”中未列出的农业化学品以及农业化学品含量超过暂定标准或一律标准的食品。⑦如果原料符合限量标准，则认为其加工产品也符合相应标准。⑧在“肯定列表制度”生效后，临时残留限量将作为法定标准执行，并给予6个月的过渡期。⑨确定了豁免物质（即明显不会对人体健康构成损害的农业化学品）的名单。日本几乎集成了国际上所有的农药残留标准，是当今世界上内容更全面的农业化学品残留标准。

2. 日本“肯定列表制度”的范围更广

世界上通用的农业化学品约有700余种，日本以前制定限量标准的农业化学品仅有300多种，其余400多种尚无限量要求。日本近年来频频发现进口农产品中农业化学品残留超标，为加强食品安全的管理，几乎集成国际上所有的农药残留标准，对食品中农业化学品残留物引入“肯定列表制度”（Positive List System）。

日本的“肯定列表制度”是个关于农业化学品残留标准的复杂体系，对农产品、食品中所有农业化学品残留物都有明确规定，其中15种农药、兽药禁止使用；对797种农药、兽药及饲料添加剂设定了53 862个限量标准，包括现行标准和暂定标准；仅“暂定标准”一项就有51 392个限量标准，涉及264类食品中的734种化学品残留；对没有设定限量标准的，执行“一律标准”，即含量不得超过0.01毫克/千克，只有68种天然和化学合成物质（主要是营养剂）作为豁免物质不设限量，从2006年5月29日起，只有符合“肯定列表制度”要求的食品、农产品才能进入日本市场。

3. 日本“肯定列表制度”的限量标准更严且检测项目猛增

“暂定标准”集成了国际食品法典委员会（CAC）和欧盟、美国、加拿大、澳大利亚、新西兰等标准，已经非常严格。而“一律标准”更为严格，0.01毫克/千克的限量简直达到了检测仪器的极限，只要仪器能检出，就有可能超标。

日本在各口岸对食品进口严格把关，采取了三个不同级别的进口检验：①进口监督；②指令性检验；③全面禁止进口。根据对进口食品监测过程中发现不符合标准情况出现的数量和程度决定采用相应的检查手段。具体程序是，对来自同一制造商或加工厂商的进口食品检查中发现一次违规，就要对其进口食品的监测提高50%。如果在提高50%后出现了第二次违规，则启动指令性检验措施。按照规定，进口商需要支付进口货物100%的检查费。所有进口货物要停靠港口等待出检结果。

日本规定对不同时间进入日本的同一种商品，每一次都要有一个检验过程。对限制进口的产品还有针对性地实行复杂的检验手续。如日本对中国大米进行的残留物检验项目，由1994年的56项增加到123项，对茶叶的检测项目从70多项增加到142项。在进口水产品时，由指定机构对进口水产品实施包括微生物、农药残留及大肠杆菌等近30个项目的检测，经检验合格的方可通关。

（二）日本加强对中国出口农产品的检验

1. 日本加强对中国胡萝卜农药残留进口检查

2007年4月11日，日本厚生劳动省做出决定，对中国胡萝卜及其简单加工品所含农药甲胺磷加强进口检查，将检查比例提高到50%。日方称如果再查出该农药残留超标，将实施100%命令检查。根据日方提供的资料，4月初，日本神户检疫所从中国福建厦门出口到日本的一批生鲜胡萝卜中检出甲胺磷，检出值为0.04毫克/千克，该项目在日本“肯定列表制度”中规定的残留限量标准为0.01毫克/千克的“暂定标准”。据厚生劳动省统计，2006年日本进口中国生鲜冷藏胡萝卜4 140批、95 533吨；冷冻胡萝卜15批、66吨；干燥胡萝卜182批、538吨；加工后冷冻胡萝卜1 091批、8 846吨。四项合计5 428吨、104 983.5吨。[①]

2. 日本加强对中国糯米粉、生鲜豌豆、扁豆药物残留进口检查

日本厚生劳动省2007年3月12日做出决定，对中国出口日本的糯米粉甲胺磷项目、生鲜豌豆多效唑项目和扁豆异丙葳项目加强

① 资料来源：驻日本使馆经商处。

进口检查，检查比例提高到50%。日方称，近期在对国内市场进行抽查时，检出一批来自中国的生鲜豌豆含有多效唑，残留量为0.04毫克/千克，超过“肯定列表制度”规定的0.01毫克/千克“一律标准”；对我糯米粉进行的进口检查中，检出甲胺磷超过“暂定标准”0.01毫克/千克；从厦门出口日本的扁豆中查出异丙葳0.03毫克/千克，超过0.01毫克/千克的“一律标准”。日方据此做出前述三项加强进口检查决定。中方有21个项目被日方实施50%强化监控检查措施，这些项目如果再次被检出超标，将转为命令检查。①

3. 日本强化对中国蒜苗抑霉唑药物残留进口检查

日本厚生劳动省2007年7月6日做出决定，对中国出口日本的蒜苗及其简单加工品加强抑霉唑残留进口检查，检查比例提高到30%。日方称，近期日本检疫所在对我输日的一批蒜苗进行检查时，检出抑霉唑残留量为0.08毫克/千克，超过“肯定列表制度”规定的0.01毫克/千克“一律标准”。日方据此做出加强进口检查的决定。抑霉唑是一种植物广谱杀菌剂、果品防腐保鲜剂，对抗青、绿霉菌有特效。一般用于防治由青绿霉菌、欧氏杆菌所致的柑橘、香蕉等果品贮藏期病害。我方共有24个项目被日方实施30%强化监控检查措施，按照厚生省的规定，这些项目如果再次被检出超标，将转为命令检查。②

4. 日本修改进口检查方法加强进口鸡、猪肉检查

日本农林水产省2009年修改了进口肉类的检查方法，加强对进口鸡肉和猪肉的检查。据称，此次修改立足于根据疫情变化有针对性地调整检查频度和对象，从而更有效地为了防止动物传染病从海外传入。这次修改的主要内容为，将目前进口肉类统一为0.5%的抽查比率，调整为国外有疫情发生时提高检查比例，没有疫情时则相对降低检查比例这样灵活的、有弹性的做法。特别是对从中国、泰国等国进口的鸡肉制品，该省表示将根据疫情发生情况，提

①② 资料来源：驻日本使馆经商处。

高检查比例，以确认这些制品是否被充分加热。日本商店中销售的、以及餐馆中使用的鸡肉制品多数从中国、巴西、泰国等国进口。[①]

5. 日本公布 2007 年 10 月不合格进口食品检出情况

日本厚生劳动省公布了 2007 年 10 月不合格进口食品检出情况。中国超标食品数量延续多月来持续减少的态势，较上月再有所减少，特别是药物残留超标减少明显。10 月，日本各检疫所共检出不合格进口食品 74 批（上月为 84 批）。其中与“肯定列表制度”相关的农药、兽药残留不合格数为 27 批（上月为 27 批），占 36.5%（上月为 32.1%）。该月我输日食品共被检出 23 批（上月为 28 批）不合格，与“肯定列表制度”相关的为 7 批（上月为 8 批），占 30.4%。这 7 批不合格食品分别为虾四环素 3 批，鲜葱虫酰肼 2 批，豌豆虫酰肼、乌龙茶三唑磷各 1 批。其他国家被检出药残超标 20 批，比上月增加 1 批。其中，越南 11 批，厄瓜多尔 4 批，智利 1 批，印度尼西亚 1 批，泰国 1 批，美国 1 批，澳大利亚 1 批。肯定列表制度实施至今，日方共从进口食品中检出农药兽药残留超标 907 批，其中我方为 340 批，占 37.5%。[②]

（三）中国对日本农产品出口月度分析报告（以 2007 年 4 月为例）

2007 年前四个月我国对日本农产品出口 27.2 亿美元，同比增长 5.1%，低于我国对全球农产品出口增幅 18.8 个百分点。继 3 月单月出口锐减后，4 月单月对日农产品出口 7.8 亿美元，同比增长 8.3%。4 月对日农产品出口主要有以下特点：

一是饲料及谷物产品增长迅猛，拉高对日农产品出口增幅。4 月，饲料产品出口 3 130 万美元，同比增长 111.4%，谷物及其制品出口 1 432 万美元，同比增长 40.9%。饲料及谷物产品占 4 月对

① 资料来源：商务部外贸司。

② 资料来源：驻日本使馆经商处。

日农产品出口比重仅为5.8%，但对增长的贡献率却达33.3%，成为拉动当月对日农产品出口增长的主因。

二是水海、园艺等优势产品增长乏力，畜禽产品出口减少。4月，水海、园艺产品分别出口2.9亿、2.2亿美元，同比增长7.5%、6.5%，均低于当月对日农产品整体增速。畜禽产品出口1.1亿美元，下降1%。

三是东、中部地区出口增长较快。4月，东、中部地区同比分别增长8.0%、15.0%，较上年同期增幅有所回升；西部地区同比增长5.0%，较上年同期增幅减少4.6个百分点。对日主要农产品出口地区中，辽宁、广东、江苏、北京、河北、上海出口增长较快，增幅在12.1%～38.1%。

四是私营、外资企业出口保持较快增长，国有、集体企业出口减少。4月，私营企业出口1.7亿美元，同比增长21.0%，远高于其他类型企业。外资企业出口4.6亿美元，同比增长9.5%。国有、集体企业分别出口1.3亿、3 040万美元，同比分别减少4.9%、6.3%。

五是对日农产品出口平均价格微弱增长。据日本总务省统计，日本4月食品价格水平同比增长0.7%，国内消费不振。受此影响，4月我对日农产品出口平均价格（按美元计）同比增长0.4%，低于我国总体农产品出口平均价格增幅3.4个百分点，也低于我国对欧盟、东盟、香港等主要农产品出口市场价格增幅。

2007年4月，输日农产品共被检出32批（上月为19批）不合格，与“肯定列表制度”相关的15批（上月为13批），占46.8%。这15批不合格食品分别为：生姜BHC5批，活鳗、烤鳗隐性孔雀石绿各2批，蜂蜜氯霉素、蜂王浆氯霉素、胡萝卜甲胺磷、活鳗AOZ、鳜鱼隐性孔雀石绿、木耳联苯菊酯各1批。“肯定列表制度”实施11个月以来，日方共检出农（兽）药残留超标688批，其中我为262批，占38.1%。我对日出口农产品被检超标批次有所增加，出口风险依然较大，农产品企业应继续加强生产、流通各环节的质量安全管理，努力开拓国际市场，有效防范与分散经营风险。[①]

(四) 日本“肯定列表制度”的警示

农产品贸易是国际货物贸易中的重要组成部分，发达国家借口保护人类健康和安全、保护动植物生命和福利以及保护环境，利用不断提高的农药残留标准作为国际贸易的技术壁垒，借以保护本国市场，形成新型的制度性贸易壁垒。

1. 中国输日农产品面临较大的出口风险

2006 年 6 月，由于日本实施“肯定列表制度”提高蜂王浆技术指标，中国蜂王浆企业已开始遭遇退货，使蜂王浆成为最早遭受这一制度影响的中国商品。中国农产品在日本进口查验和“肯定列表制度”的摸底调查中违规比例较高，因此，“肯定列表制度”实施后，中国农产品必然会成为日本卫生检疫部门的重点查防对象。日本制定的标准中，严于我国标准的部分所限制的，恰恰是我国输日的大宗农产品和食品，如粮谷类、豆类、水产类、肠衣、禽肉、畜肉、坚果类、蔬菜类、糖类植物和油料作物等 61 种。根据商务部和中国食品土畜进出口商会联合公布的《对日出口农产品风险评估报告》，肉类制品、蔬菜、水果及制品、水产品、食用菌、茶叶、谷物受“肯定列表制度”影响最为严重。其中，大葱、茶叶、鲜香菇、鳗鱼等产品在日本实施“肯定列表制度”后，有可能被列入重点检查清单，出口受阻风险较大。花生（及制品）、蜂蜜、大米等产品出口受阻风险次之。

2. 日本实施“肯定列表制度”后，通关速度减慢

日本采用“肯定列表制度”后，大幅度增加了需要检测的农药、兽药项目，检验项目，无形中增加了检测费用，将使得我国输日产品的成本大幅增加。以每种食品、农产品平均检测 200 项计，平均每批产品的检测费用预计将增加到 40 000 元。增加的出口成本将降低我国输日产品的竞争力，也会使得部分企业因不堪重负而被迫退出市场。我国输日贸易额最大的鳗鱼产品的残留限量标准现

---

① 资料来源：商务部外贸司。

在为25项，实施“肯定列表制度”后增加到112项；猪肉残留限量标准由45项增加到428项；鸡肉残留限量标准由36项增加到380项；牛肉残留限量标准由60项增加到455项。在植物产品中，大米由129项增加到579项，茶叶由89项增加到276项。实施“肯定列表制度”后，检测项目预计将增加5倍以上。对输日食品，日官方均要求我出入境检验检疫机构出具卫生证书。货抵日本港口后，日方还要抽查检验，有的产品甚至是批批检验。不仅产品检测费用增加，而且使检验周期延长，造成很多不确定因素导致通关速度减慢。

3. 日本“肯定列表制度”提高了检测标准

由于“肯定列表制度”大幅度增加了农业化学品的限量数目、检测项目，生产或出口农产品企业为达到进口标准，禁止喷洒某些病虫害的特效药，将可能导致产量下降，迫使企业去寻找更加昂贵的替代品，导致出口成本的大幅增加。另外，对农、兽药残留进行准确的检测和有效的监控，必然要增加科研和设备投入，检测项目的繁多会大幅增加企业的检测费用，企业出口成本的大幅增加会加剧农产品出口的竞争，使小规模粗放经营的企业退出日本市场。

4. “肯定列表制度”将影响农产品相关企业

日本“肯定列表制度”不但会对对日出口农产品企业产生直接的、重大影响，而且也会波及到这些企业的上游企业、整个产业链，甚至会影响到某些地区的经济发展。我国山东、辽宁、浙江、福建和河北等农产品出口日本的主要出口地区，对日出口占其农产品出口总量的比例分别高达39%、49%、41%、49%和47%。对日农产品出口受阻将严重影响这些地区的经济发展，影响这些地区相关人员的收入、就业和相关企业的经济效益。以禽肉产品为例。如果禽肉产品出口日本受阻，不但会影响到屠宰加工厂商的利益，而且还会向上影响到养殖场、饲料加工厂，乃至种植玉米、大豆等农民的收益。甚至会产生大量失业人员，引发一系列社会问题，影响社会的安定发展。

（五）农产品出口应对日本“肯定列表制度”的措施建议

日本是中国最大的农产品出口市场，“肯定列表制度”几乎涵盖了中国所有出口日本的农产品，日本设的“壁垒”看似障碍、难关，实是我国企业冲破各种各样市场技术壁垒、进入国际市场必上的一堂课。这堂课如果学不会将影响到山东、辽宁、浙江、福建和河北等主要出口地区的5 000多家企业的经济发展和农民增收。

1. 尽快出台完善与国际接轨的农药、兽药残留量检测国家标准

欧美、日本等发达国家越来越多地将农业化学品限量标准作为技术性壁垒来使用。而我国食品安全管理体系尚不健全，国内国外两个市场、两种标准。我国目前仅制订了137种农药的477项残留限量标准，98种兽药的658项残留限量标准，还有391种农药、155种兽药没有残留检测方法标准。应缩小我国农产品安全技术标准与国际要求之间的差距，加快国内与国际农产品安全技术标准接轨工作，完善国家农产品安全卫生制度，使相关部门的管理和社会的监督有法可依，有规可循。

2. 建立全国协调一致的农兽药监控体系

农产品的卫生安全关系到全民民生安全。日本肯定列表提到的231种兽药和饲料添加剂，我国现有的检测方法仅能覆盖到76种，其余155种我国尚未建立相应的检测方法。建立健全有效的农兽药管理监控体系，对国家禁用的高毒、高残留农兽药进行专项整治，普及安全使用农药、兽药，饲料添加剂等知识，推广使用高效低残农药、兽药和无污染添加剂。同时加大疏通社会监督渠道的力度，发动全社会来推动农产品安全卫生事业。对于违法企业要加大打击力度，做到违法必究。同时积极鼓励绿色农业的发展，尽快提高我国农药、兽药的检测技术与设备水平。

3. 加强企业自律、规范用药是出口企业最根本的措施

增强企业的紧迫感和危机感，进一步完善企业自控自律体系的建设，加强对企业的指导培训，为降低出口食品残留超标的可能性，出口企业必须从源头上抓起，保证农业化学品质量，并严格按照使用规范用药。尽管日本对每一种食品均制定了数百项严格的限量标准，但只要我国的食品、农产品企业不该用的药不用，不得不用的药尽量少用并规范使用，产品超标的可能性就能降到最低。

4. 加强出口检验检疫监管模式的转变

过去推行的“企业＋基地”的管理模式虽然有效，但大多数基地是松散型，实质是分户或个人管理，运作成本高，技术规程难以全面落实。在农产品种植基地中应积极推行“企业＋基地＋标准化”的管理模式，全面实施食品原料种植、养殖场检验检疫备案管理制度，加强药物残留监控工作。通过对出口食品生产企业实施严格的卫生注册管理制度和定期检查，帮助督促企业健全食品安全管理体系和出口农产品农兽药残留追溯及控制体系，通过残留监测及时掌握药物残留的动态情况，及时调整、确定重点检验项目，积极推进电子监管，实施有效的监督管理。这样既能保证输日农产品、食品的质量，又能减轻企业负担，加快通关速度，支持和促进区域农村经济的发展，增加农民收入。

5. 冲破制度性贸易壁垒将坏事变好事

制度性贸易壁垒由于其特有的广泛性、有效性、隐蔽性，已成为国际贸易中的常用手段。尤其是当其披上了保护人类生命健康的外衣后更加难以反对。冲破“肯定列表制度”贸易壁垒的过程，将坏事变好事，加快我国食品安全、与世界先进水平接轨的过程。我们应深入研究日本“肯定列表制度”，探讨有效的应对措施，把“肯定列表制度”对农产品出口的影响降到最低，提供对日出口农产品的市场竞争力，把坏事变成好事。

第三节　上海自由贸易试验区及案例分析

一、上海自由贸易试验区

中国（上海）自由贸易试验区［China（Shanghai）Pilot Free Trade Zone］，简称上海自由贸易区或上海自贸区，是设于上海市的一个自由贸易区，也是中国大陆境内第一个自由贸易区。2013

年8月，国务院正式批准设立中国（上海）自由贸易试验区，成为中国经济新的试验田。实行政府职能转变、金融制度、贸易服务、外商投资和税收政策等多项改革措施，并将大力推动上海市转口、离岸业务的发展。2013年9月29日，上海自由贸易区正式挂牌成立。首批入驻自贸区包括25家企业和11家金融机构，其中11家金融机构包括工商银行、农业银行、中国银行、建设银行、交通银行、招商银行、浦发银行及上海银行8家中资银行，花旗银行、星展银行2家外资银行，和交银金融租赁1家金融租赁公司。自贸区管委会公布，截至2014年9月15日，自贸区内新增企业12 266家，超过半数是贸易和物流企业；新增企业中外资有1 677家，占13.7%。

（一）规模

上海自贸区范围涵盖上海市外高桥保税区、外高桥保税物流园区、洋山保税港区和上海浦东机场综合保税区4个海关特殊监管区域，总面积为28.78平方公里。

1. 外高桥保税区

上海外高桥保税区于1990年6月经国务院批准设立，同年9月正式启动，是全国第一个，也是全国15个保税区中经济总量最大的保税区。位于上海浦东新区，濒临长江入海口，地处黄金水道和黄金岸线的交汇点，紧靠外高桥深水港区，是全国首个“国家进口贸易促进创新示范区”和上海国际航运、贸易中心的重要载体。

2. 外高桥保税物流园区

国务院特批的全国第一家保税物流园区。与外高桥港区连成一体，距离外高桥保税区仅有3公里。园区于2004年4月15日由海关总署等八部委联合验收封关运作，经过多年的开发建设，园区已经建成45万平方米仓库，14万平方米集装箱转运区以及卡口和关检等配套设施；引进中外物流企业30家，贸易公司50家，累计引进外资4亿美元；开发面积1.03平方公里，总投资33亿人民币，2012年进出区货值1 012亿美元，海关税收实现100亿人民币。基本实现与港区的规划联动、信息联动、政策联动、业务联动和利益联动，充分体现了保税物流园区对国际现代物流业转移的承接能力和产业的集群效应，开拓了国际采购、国际配送、国际中转和转口贸易的功能，提高了政策应用能力，推进了服务管理创新。[①]

3. 浦东机场综合保税区

2009 年 7 月经国务院批准设立，机场综合保税区充分发挥其亚太航空复合枢纽港优势，积极打造“临空服务创新试验区”，已引进包括电子产品、医疗器械、高档消费品等全球知名跨国公司空运分拨中心以及百多个融资租赁项目。浦东机场综合保税区已逐步形成空运亚太分拨中心、融资租赁、快件转运中心、高端消费品保税展销等临空功能服务产业链。

4. 洋山保税港区

设有口岸查验区、港口辅助区、仓储物流区、国际中转区、采购配送区、加工制造区、商贸服务区等功能区，主要发展和提供集装箱港口增值、进出口贸易、出口加工、保税物流、采购配送、航运市场等产业和服务功能。岛域部分是集装箱深水港码头作业区域，包括洋山深水港一期、二期码头，是集装箱装卸、中转的功能区域。

（二）主要功能和任务

上海自贸区将推进国际贸易结算中心、融资租赁、期货保税交割功能、扩大保税船舶登记试点规模、研究建立具有离岸特点的国际账户等十项功能先行先试，即：深化国际贸易结算中心试点运作，融资租赁功能全面发展，以期货保税交割功能促进大宗商品产业集聚，扩大保税船舶登记试点规模，推动机场区港一体化迈出实质性步伐，做大洋山保税港区国际中转集拼业务，全面推进亚太营运商计划，探索“前店后库”联动模式，试点全球维修检测业务，研究建立具有离岸特点的国际账户。

上海自贸区需要完成的主要任务是要探索中国对外开放的新路径和新模式，推动加快转变政府职能和行政体制改革，促进转变经

---

① 资料来源：http：//www. wblz. com. cn/yard/introduce. htm.

济增长方式和优化经济结构，实现以开放促发展、促改革、促创新，形成可复制、可推广的经验，服务全国的发展。建设中国（上海）自由贸易试验区有利于培育中国面向全球的竞争新优势，构建与各国合作发展的新平台，拓展经济增长的新空间，打造中国经济“升级版”。

二、上海自由贸易试验区案例分析

上海自由贸易试验区成立后新加坡企业已从之前的观望转变为务实的参与。截至2014年9月18日，上海自贸区内的新加坡企业接近600家，其中六成从事贸易，四成与服务业有关，运营跨越金融、物流、食品、医疗保健以及贸易等领域。

（一）案例

中国（上海）自由贸易试验区2013年9月挂牌以后，区内首家面向公众的商品直销中心——上海外高桥进口商品直销中心（Waigao-qiao Direct Imported Goods ，简称DIG）吸引了不少眼球。由新加坡厂商供应的冷冻猫山王榴梿肉，一盒300克的零售价143元人民币（约30新元），比区外179元（人民币，下同）的零售价格便宜了20%。

新加坡荣勃商贸自2014年5月进驻DIG后，旗下“榴梿旺返”品牌还供应榴梿冰冻卷、麻糬等榴梿甜品单品，每月销售额约两三万元。DIG开业后以超市的形式售卖生鲜食品、牛奶、零食、红酒、生活用品、化妆品等，以不收取进店费为主要卖点。诸如DIG、“跨境通”等新兴的实体和电子商贸平台，过去一年借助自贸区在仓储、物流等方面的优势，为新加坡中小食品厂商带来商机。

荣勃商贸营运及销售总监表示，DIG不收取条码费等额外费用，降低了食品的零售价，确实能吸引自贸区内外的消费者。DIG已在浦东外高桥、龙阳广场和洋山设点。DIG开在不同地点，经销商和厂商不能用同个策略供应产品，还得摸索消费群的购买喜好作进一步判断。

深圳汇山宏达工贸代理的其中三个新加坡品牌也已进驻 DIG。该公司上海区销售经理表示，中国进口食品市场尚有很多潜力，新加坡食品品牌除了寻找合适的销售通路，还要教育当地的消费者，为何价格比中国境内生产的同类产品来得高。以酱青为例，中国国内中端品牌每瓶售价 20 元上下，而新加坡酱青进口到上海的零售价约七八十元，“新加坡酱青酿造的工艺、保障食品安全等，要让中国消费者了解”。

为了让新加坡中小食品厂商抱团到中国发展，新加坡食品厂商联合会 2013 年 12 月在上海自贸区注册益食（上海）国际贸易公司，在新加坡国际企业发展局的协助下打造“食尚新加坡”（Tasty Singapore）品牌。除了冷冻榴梿肉以外，骆驼牌坚果和金祥麟咖啡这两家会员厂商的产品也已进驻 DIG。大华酱油酱料、有你福（Unisoy）有机豆奶麦片等五个品牌的 20 多个单品正准备上架。

“益食”总经理表示，DIG 销售的是一般贸易进口、有卫生证书和中文标签的产品，价格比上海普通超市便宜 10%～15%。由于食品安全意识提升，中国消费者对进口食品的需求强劲，食品厂家的销售有望随着 DIG 开设更多门店，进一步提高。目前，新方正筹划在 DIG 开设“食尚新加坡”产品专柜，计划增加宣传力度以常年吸引消费者。①

（二）案例分析

1. 跨境通提供打入中国市场新渠道

被中国消费者统称为官方海淘平台的“跨境通”，从 2013 年 12 月底运行以来，已和 40 多个商家合作，其中包括亚马逊和网上超市 1 号店，主打母婴用品、进口食品、家具服饰等。

上海自贸区海关和出入境检验检疫创新了 B2C（Business to Consumer，企业到消费者）模式，使到海外包裹可直接送达消费者手上，而不像之前仅局限于企业客户。新措施有效促进了国外市场与国内消费市场直接对接。

---

① 资料来源：联合早报，2014-10-19.

"跨境通"国际贸易执行副总裁表示，"跨境通"上的产品属于境外物权，商品进入自贸区之前采取事前备案，有来源地证明等资料后，在通关放行上有一定便利，一旦出现情况，后台有一套机制可查验，这比一些民间的海淘渠道要正规，消费者也可在监管部门"心中有数"的情况下，放心购买。

"益食"高管表示，通过"跨境通"这个新的贸易方式平台，过去一般在正常贸易下需要特殊进口许可的保健品、奶制品以及燕窝饮品等产品，现在可通过备案的方式进口；备案时间约为两个月，这对新加坡企业来说，增加了一个打入中国市场的渠道。

2. 上海自贸区运行满一年新加坡企业抢眼入驻

从新加坡三大银行开设自贸区支行，新加坡 NCS 集团为自贸区管委会提供电子政务咨询服务，到新加坡食品厂商进驻自贸区，上海自贸区成立一周年后，包括新加坡在内的外企，已从之前的观望，转变为务实的参与。截至 2014 年 9 月 18 日，自贸区内新设的新加坡企业达到 87 家，以航运、物流和专业服务为主。倘若加上之前已在上海自贸区划定范围内注册的企业，新加坡企业的总数接近 600 家，其中六成从事贸易，四成与服务业有关。除了金融、物流和贸易领域，新加坡的医疗保健、保险，以及增值电信服务（电邮、网上数据处理、交易处理等）业者，对自贸区的兴趣也日益加大。

一年来，新加坡企发局还与上海外高桥国际贸易运营中心、自贸区管委会签署合作谅解备忘录，以此增强新加坡企业对自贸区的了解，协助新加坡企业在区内注册公司、开展业务，促进双边贸易投资、新中金融合作、企业管理监管等。

上海是中国的经济金融中心，新加坡企业如果能在上海打响品牌，或者测试新概念并得到成功，将有助于新加坡企业在中国其他地方的发展。当然，新加坡企业进驻自贸区之前，考虑的因素诸多。对于已经在上海落地的企业而言，他们把自贸区当做业务辅助，借此探讨是否可利用自贸区享受其他税务优惠或市场准入空间，以降低运营成本，及开展新的业务。2014 年 6 月，自贸区推出 2014 版负面清单。新加坡企业应多关注新版的负面清单，并留意自贸区海关、税务系统等推出的无纸化申报服务，这些新举措将节省企业的时间和成本。

（三）上海自由贸易试验区可复制推广的主要内容

上海自由贸易试验区成立一年多来取得了丰硕的成果，上海市和有关部门以简政放权、放管结合的制度创新为核心，加快政府职能转变，探索体制机制创新，在建立以负面清单管理为核心的外商投资管理制度、以贸易便利化为重点的贸易监管制度、以资本项目可兑换和金融服务业开放为目标的金融创新制度、以政府职能转变为核心的事中事后监管制度等方面，形成了一批可复制、可推广的改革创新成果。

1. 保税区与自由贸易区的区别

自贸区分为两种，一种是广义的自贸区，指两个或两个以上国家或地区通过签署自贸协定（Free Trade Agreement），在 WTO 最惠成员待遇基础上，相互进一步开放市场，分阶段取消绝大部分货物的关税和非关税壁垒，改善服务业市场准入条件，实现贸易和投资的自由化，从而形成促进商品、服务和资本、技术、人员等生产要素自由流动的“大区”（Free Trade Area）。例如中国—东盟自贸区即是广义自贸区，这是我国同其他国家商谈的第一个自贸区，也是目前建成的最大的自贸区。其成员包括中国和东盟十国，涵盖 18.5 亿人口和 1 400 万平方公里。中国—东盟自贸区的建设进一步加强了双方业已密切的经贸合作关系，也对亚洲及世界的经济发展做出了积极的贡献。

另一种是狭义的自贸区，1973 年国际海关理事会签订的《京都公约》将其定义如下：“指一国的部分领土，在这部分领土内运入的任何货物就进口关税及其他各税而言，被认为在关境以外，并免于实施惯常的海关监管制度。”上海自贸区，即是狭义自由贸易园区。

中国保税区和保税仓库起到类似自由港或自由贸易区的作用，但在开放程度、功能设计以及监督管理等方面还存在着较大区别。

一是保税区在海关的特殊监管范围内，货物入区前须在海关登记，保税区货物进出境内、境外或区内流动有不同的税收限制；而自由贸易区是在海关辖区以外的、无贸易限制的关税豁免地区。

二是保税区的货物存储有时间限定，一般为2～5年；而在自由贸易区内，货物存储期限不受限制。

三是由于保税区内的货物是“暂不征税”，保税区对货物采用账册管理方式；而在自由贸易区，自由贸易区主要考虑货畅其流为基本条件，多数自由贸易区采取门岗管理方式，运作手续更为简化，交易成本更低。

四是目前许多保税区的功能相对单一，主要是起中转存放的作用，对周边经济带动作用有限；而自由贸易区一般是物流集散中心，大进大出，加工贸易比较发达，对周边地区具有强大的辐射作用，能带动区域经济的发展。①

2. 上海自由贸易试验区可复制推广的主要内容

在全国范围内复制推广的改革事项主要有：

（1）投资管理领域。外商投资广告企业项目备案制、涉税事项网上审批备案、税务登记号码网上自动赋码、网上自主办税、纳税信用管理的网上信用评级、组织机构代码实时赋码、企业标准备案管理制度创新、取消生产许可证委托加工备案、企业设立实行“单一窗口”等。

（2）贸易便利化领域。全球维修产业检验检疫监管、中转货物产地来源证管理、检验检疫通关无纸化、第三方检验结果采信、出入境生物材料制品风险管理等。

（3）金融领域。个人其他经常项下人民币结算业务、外商投资企业外汇资本金意愿结汇、银行办理大宗商品衍生品柜台交易涉及的结售汇业务、直接投资项下外汇登记及变更登记下放银行办理等。

（4）服务业开放领域。允许融资租赁公司兼营与主营业务有关的商业保理业务、允许设立外商投资资信调查公司、允许设立股份

① 资料来源：中国自由贸易区服务网.

制外资投资性公司、融资租赁公司设立子公司不设最低注册资本限制、允许内外资企业从事游戏游艺设备生产和销售等。

（5）事中事后监管措施。社会信用体系、信息共享和综合执法制度、企业年度报告公示和经营异常名录制度、社会力量参与市场监督制度，以及各部门的专业监管制度。

在全国其他海关特殊监管区域复制推广的改革事项主要有：

（1）海关监管制度创新。期货保税交割海关监管制度、境内外维修海关监管制度、融资租赁海关监管制度等措施。

（2）检验检疫制度创新。进口货物预检验、分线监督管理制度、动植物及其产品检疫审批负面清单管理等措施。

经党中央、国务院批准，上海自贸试验区的可复制改革试点经验将在全国范围内推广。中共中央政治局 2015 年 3 月 24 日召开会议，审议通过广东、天津、福建自由贸易试验区总体方案、进一步深化上海自由贸易试验区改革开放方案。

参考文献

陈易琦，周振波．2013. 中国农产品国际贸易分析［J］．农业工程（5）．

陈跃雪，李广．2014. 农产品国际贸易［M］．北京：中国农业出版社．

程国强．2011. 中国农业政策的支持水平与结构特征［J］．发展研究（9）．

郭天宝，王云凤．2014. 中国农产品国际贸易的发展趋势［J］．经济研究参考（6）．

蒲文彬．2012. 加入 WTO 十年的中国农产品贸易与竞争力问题研究［J］．经济研究导刊（170）．

田维明，武拉平．2005. 农产品贸易［M］．北京：中国农业大学出版社．

佟家栋．2011. 国际贸易学［M］．北京：高等教育出版社．

温思美．2011. 农产品国际贸易［M］．2 版．北京：中国农业出版社．

熊启泉，邓家琼．2014. 中国农产品对外贸易失衡：结构与态势［J］．华中农业大学学报（1）．

战勇．2012. 世界贸易组织（WTO）规则［M］．大连：东北财经大学出版社．

庄佩芬．2011. 农产品国际贸易［M］．北京：对外经济贸易大学出版社．

第四章 >>>

区域经济一体化中的农产品国际贸易案例分析

内容提示：区域经济一体化作为世界经济一体化进程中的重要组成部分，在第二次世界大战后得到迅速发展，在全球经济发展中的作用越来越显著，成为全球化中一种突出的趋势和现象。此章主要介绍了区域经济一体化的形式和类型、东盟及东盟自由贸易区、欧盟及欧盟的共同农业政策、北美自由贸易区并选取其中相关的农产品贸易案例进行分析。

第一节 区域经济一体化的形式和类型

一体化的含义是把各个部分结合为一个整体。区域经济一体化是指两个或两个以上的国家或地区，通过协商并缔结经济条约或协议，实施统一的经济政策和措施，消除商品、要素、金融等市场的人为分割和限制，以国际分工为基础来提高经济效率和获得更大经济效果，把各国或各地区的经济融合起来形成一个区域性经济联合体的过程。

一、区域经济一体化的发展历程

区域经济一体化的雏形可以追溯到 1921 年，当时的比利时与卢森堡结成经济同盟，后来荷兰加入，组成比荷卢经济同盟。1932 年，英国与英联邦成员国组成英帝国特惠区，成员国彼此之间相互减让关税，但对非英联邦成员的国家仍维持着原来较高的关税，形成了一种特惠关税区。

1. 区域经济一体化的发展进程

经济一体化的迅速发展，始于第二次世界大战之后，并形成三次较大的发展高潮。

(1) 第一次高潮发生在 20 世纪 50—60 年代。尽管区域经济一体化的雏形可以追溯到 1921 年成立的比利时和卢森堡经济同盟(1948 年荷兰加入，组成比荷卢同盟)。但是，区域经济一体化真正形成并迅速发展，却是始于第二次世界大战后。第二次世界大战后，世界经济领域发生了一系列重大变化，世界政治经济发展不平衡，大批发展中国家出现，区域经济一体化组织出现第一次发展高潮。

(2) 20 世纪七八十年代初期区域经济一体化发展处于停滞不前的状态。20 世纪 70 年代西方国家经济处于“滞胀”状态，区域经济一体化也一度处于停滞不前的状态。在这一时期，欧洲经济共同体原定的一体化计划并未完全实现，而发展中国家的一体化尝试没有一个取得完全成功。以欧洲经济共同体为例，两次石油危机、布雷顿森林体系崩溃、全球经济衰退、日美贸易摩擦上升等因素使其成员国遭受巨大打击，各成员国纷纷实施非关税壁垒措施进行贸易保护，导致第一阶段关税同盟的效应几乎丧失殆尽，欧共体国家经济增长速度急剧下降。

(3) 20 世纪 80 年代中期以来区域经济一体化的第二次发展高潮。20 世纪 80 年代中期以来，特别是进入 90 年代后，世界政治经济形势发生了深刻变化，西方发达国家在抑制通货膨胀、控制失业率方面取得成功，经济的发展推动着区域经济联合，区域经济一体化的趋势明显加强。这次高超的出现是以 1985 年欧共体关于建立统一市场“白皮书”的通过为契机，该“白皮书”规定了 1992 年统一大市场建设的内容与日程。欧共体的这一突破性进展，产生了强大的示范效应，极大地推动了其他地区经济一体化的建设。

2. 区域经济一体化兴起的主要原因

新一轮区域经济一体化浪潮波澜壮阔，有其深刻的政治原因和经济原因。

其经济原因主要有：

一是当前全球范围内日益加深的市场化趋向改革，为区域经济一体化的发展奠定了体制基础。在战后新技术条件下，各国各地区之间的分工与依赖日益加深，生产社会化、国际化程度不断提高，使各国的生产和流通，及其经济活动进一步越出国界。这就必然要求消除阻碍经济国际化发展的市场和体制障碍。当今世界，越来越多的国家通过实践认识到，只有选择市场经济体制，才能加快本国经济发展的速度、提高经济的运转效率和国际竞争力。通过改革，各国消除了商品、生产要素、资本以及技术在国家之间进行流动的经济体制上的障碍，促成了区域经济一体化的发展。

二是世贸组织多边贸易体制本身的局限性，以及近年来多边贸易谈判所遭遇的挫折和困难，刺激了区域经济一体化的发展。虽然世贸组织是推动贸易自由化和经济全球化的主要力量，但由于自身庞大，运作程序复杂，根据世贸组织“一揽子接受”方式，其成员对各项议题的谈判只有在一致同意的基础上才能进行，从而注定了短时间内所有成员达成共识和消除矛盾并非易事。比如，2001 年 11 月在多哈发起的首轮多边回合谈判一直举步维艰。多边贸易谈判前景的不可预测性，为双边和区域性贸易协议提供了发展空间与机遇，也为参与全球竞争多了一种选择。而且，区域经济一体化组织因其成员常常是地理位置相邻、社会政治制度相似、生产力发展水平相近、有类似的文化历史背景，因而具有开展经济合作的诸多优势。

服务于本地区的和平、发展与稳定，是此轮区域经济一体化浪潮的政治原因，其主要包括：

一是谋求政治修好，缓解矛盾冲突，稳定地区局势。世界银行研究表明：区域贸易协议除了促进贸易流动，也对消除政治冲突起着显著的作用。欧洲合作的初始动机和最终目标就是政治。经过两次世界大战的磨难，欧洲人意识到不能再发生战争，必须通过合作、一体化与联合，才能实现欧洲的长久稳定、安全和发展。时至今日，欧洲各国终于通过经济合作，为实现地区的和平与发展、实现大欧洲联合的梦想，奠定了坚实的基础。在亚洲，1999 年东亚领导人关于东亚合作的联合声明，明确提出了开展政治、安全对话与合作的议题。此外，印度和巴基斯坦之间政治紧张局势的缓解，与正在进行中的南亚自由贸易区协议谈判密不可分。非洲一些国家政局长期不稳，大多数国家经济又不发达，这些因素促使非洲联盟于 2002 年问世，其目的是试图以政治和经济合作来推动地区稳定与经济发展。

二是推动国内的体制改革。一些发展中国家和转轨国家把区域贸易协议作为锁定贸易自由化或国内体制改革进程的机制，即通过外部的条约责任和有形具体的承诺来促进国内的体制改革。20 世纪 90 年代，东欧转型国家与欧盟签署区域贸易协议的目的之一，就在于以此推动向市场经济的转化过程。

三是寻求区域层面的政治保护以抗衡其他区域集团。这是世界大国加紧组织和巩固区域经济集团的一个重要动因。美国参与跨地区的亚太经合组织，意在抗衡不断扩大的欧盟。而欧盟希望作为一个更强大的整体，用一个强音在国际上更有力地与美、日等大国抗争，不仅在自家门口加紧对外经济扩展，在拉美和亚洲等地积极开展经济合作，而且致力于“大欧洲自由贸易区”的构想。日本极力在亚太地区推行“雁阵模式”，巩固和扩大“大东亚经济圈”，同时采取各种措施打入欧美腹地，并期望借此获取安理会常任理事国地位。俄罗斯以独联体为依托，已经建立或正在构建一些区域经济集团，如独联体国家经济联盟、欧亚经济共同体等，以巩固和加强俄的大国地位。东盟通过加强内部协调与合作，在世贸组织、联合国贸发会议等多边经济组织中用一个声音说话，来维护日益增强的自身利益。

四是传播主体政治价值理念。“9·11”之后，美国把反恐作为其国际战略的一项核心内容。2003 年 5 月伊拉克战争结束后，美国主动提出与中东地区国家在2013年之前建立自由贸易区的倡议。美国此举的真正目的是要通过自由贸易区方式在该地区推行美国式民主制度。

二、区域经济一体化的不同形式

区域经济一体化包括不同的类型和不同的程度，无论从内容还是层次来看差异都很大。从不同的角度可以分为不同的类型。

1. 按一体化的程度划分

(1) 优惠贸易安排（Preferential Trade Arrangement）。优惠贸易安排是区域经济一体化中最低级和最松散的组织形式。成员国之间通过贸易条约或协议，规定了相互贸易中对全部商品或部分商品的关税优惠，对来自非成员国的进口商品，各成员国按自己的关税政策实行进口限制。如第二次世界大战前建立的“英联邦特惠制”及战后建立的“东南亚国家联盟”等。

由于在优惠贸易安排这种形式中，各成员国的贸易政策是不一致的，即各成员国给予来自其他成员国进口商品的关税等政策待遇是不相同的。这种状况如同各成员国对来自非成员国进口商品的关税等政策待遇各不相同。因而，许多学者不把优惠贸易安排列入区域经济一体化的组织形式之中。但我们认为，优惠贸易安排形成后，对成员国之间开展商品贸易的政策制定有一定程度的约束，以后任何成员国都不能独立自主地进行增加商品进口限制的政策调整，商品贸易的自由程度有所提高，这也是一种经济政策和措施的统一。因而，优惠贸易安排也可以称为一种区域经济一体化的组织形式。

(2) 自由贸易区（Free Trade Area）。自由贸易区是指签订自由贸易协议的成员国相互彻底取消了在商品贸易中的关税和数量限制，使商品在各成员国之间可以自由流动。但是，成员国仍保持各自对来自非成员国进口商品的限制政策。最典型的自由贸易区是“北美自由贸易区”。

在世界上众多的自由贸易区中，自由贸易的商品范围是有所不同的。有的自由贸易区只对部分商品实行自由贸易，如在“欧洲自由贸易联盟”内，自由贸易的商品只限于工业品，而不包括农产品。这种自由贸易区也被称作“工业自由贸易区”。有的自由贸易区对全部商品实行自由贸易，如“拉丁美洲自由贸易协会”和“北美自由贸易区”对区内所有的工农业产品的贸易往来都免除关税和数量限制。据此，在经济一体化的理论上就有部分一体化和全部一体化之说。

(3) 关税同盟 (Customs Union)。关税同盟是指成员国之间彻底取消了在商品贸易中的关税和数量限制，使商品在各成员国之间可以自由流动。另外，成员国之间还规定对来自非成员国的进口商品采取统一的限制政策，关税同盟外的商品不论进入哪个同盟内的成员国都将被征收相同的关税。例如，早期的“欧洲经济共同体”和“东非共同体”。

关税同盟意味着撤除了成员国各自原有的关境，组成了共同的对外关境。这样使成员国的商品在区域内部自由流动的同时，排除了来自非成员国商品的竞争。关税同盟使成员国在商品贸易方面彻底形成了一体化。关税同盟开始具有超国家性质，是实现全面经济一体化的基础。

(4) 共同市场 (Common Market)。共同市场是指成员国之间不仅在商品贸易方面废除了关税和数量限制，并对非成员国商品进口征收共同关税，另外还规定了生产要素（资本、劳动力等）也可在成员国间自由流动。例如，“欧洲共同体”在1992年年底建成的统一大市场。其主要内容就是实现商品、人员、劳务、资本在成员国之间的自由流动。

(5) 经济同盟 (Economic Union)。经济同盟是指成员国之间除了商品与生产要素可以进行自由流动及建立共同对外关税之外，还要求成员国实施更多的统一的经济政策和社会政策，如财政政策、货币政策、产业政策、区域发展政策等。例如，“欧洲联盟”属于此类经济一体化组织。

在理论上，应在多大的经济政策范围内实现统一才能称得上经济联盟，尚没有明确界定。但是，货币政策的统一作为一个重要标志是具有共识的，即成员国之间有统一的中央银行、单一的货币和共同的外汇储备。到目前为止，世界上也只有欧洲联盟达到这一阶段。

（6）完全经济一体化（Complete Economic Integration）。完全经济一体化是经济一体化的最高级组织形式。区域内各成员国在经济联盟的基础上，全面实行统一的经济和社会政策，使各成员国在经济上形成单一的经济实体。而该经济实体的超国家机构拥有全部的经济政策制定和管理权。目前世界上尚无此类经济一体化组织，只有欧盟在为实行这一目标而努力。

上述六种形式的区域经济一体化组织是由低级到高级排列的。各种形式的一体化组织之所以可以分级排列是因为上一级形式的一体化组织包含下一级形式一体化组织的特点。但是，必须要指出的是，区域经济一体化组织形式的分级排列并不意味着一个区域性组织在向一体化深度发展时一定是由低级向高级逐级发展的。从区域经济一体化的实践来看，一体化的起点并非一定是优惠贸易安排；某个区域经济一体化组织也可能兼有两种组织形式的某些特点。区域经济一体化的组织在实践中也许会产生出更多的形式。

2. 按区域经济一体化的范围划分

（1）部门一体化。部门经济一体化是指区域内各成员国（地区）的一个或几个部门（或商品，或产业），达成共同的经济联合协定而产生的区域经济一体化组织。

（2）全盘一体化。全盘经济一体化是指区域内各成员国的所有经济部门加以一体化的形态。

3. 按参加国的经济发展水平划分

（1）水平一体化（Horizontal Integration）。水平一体化又称横向一体化。它是由经济发展水平相同或相近的国家所形成的经济一体化组织。目前世界上存在的经济一体化，大多属于此种形式的一体化。

（2）垂直一体化（Vertical Integration）。垂直一体化又称纵向一体化，是由经济发展水平不同的国家形成的一体化组织。纵向一体化分为前向一体化和后向一体化。前向一体化就是通过兼并和收购若干个处于生产经营环节下游的企业实现公司的扩张和成长，如制造企业收购批发商和零售商。后向一体化则是通过收购一个或若干供应商以增加盈利或加强控制，如汽车公司对零部件制造商的兼并与收购。横向一体化就是对竞争的兼并与收购。

第二节　东盟自由贸易区及案例分析

一、东盟自由贸易区

东盟是东南亚国家联盟（Association of Southeast Asian Nations，ASEAN）的简称。东盟的前身是1961年由马来西亚、菲律宾和泰国三国建立的东南亚联盟。1967年8月8日，东南亚联盟三国加上新加坡、印度尼西亚共5国在泰国曼谷举行会议，发表了《东南亚国家联盟宣言》（也称《曼谷宣言》），成立了东南亚国家联盟。1984年文莱加入了东盟。1995年越南成为东盟的第7个成员国。1997年7月，缅甸、老挝入盟。柬埔寨原定于和缅甸、老挝一起加入东盟，由于国内政局动荡未能如期加入。现在东盟成员国一共有9个国家。

东盟是一个政治与经济合作并重的综合性区域性组织。东盟成立的最初10年，其合作内容主要集中在政治领域，目标是促进本地区的和平和在国际社会中用一个声音说话。进入20世纪70年代后期，随着新兴工业化经济体的崛起，及世界范围内兴起的经济体制改革浪潮，经济因素在国际关系中的地位日益重要，东盟的合作从政治与经济并重转向了以经济合作为主。1977年6月，5国签订了关于成员国就对种商品实行优惠贸易安排的协议。1978年6月，东盟5国又达成协议，把优惠产品扩大到755种。1979年的东盟首脑会议达成了就优惠贸易安排从关税领域扩展至非关税领域的协议。东盟贸易自由化有了发展。

到了20世纪80年代末和90年代初，东盟在经历了优惠贸易安排的10年实施后，感到单纯在局部范围实施优惠贸易安排是不够的。1992年10月，东盟签署了《新加坡宣言》《东盟加强经济合作框架协定》《有效普惠关税协定》，决定从1993年起，逐步削减关税，在15年内，即在2008年前建立东盟自由贸易区。1994年9月，又决定把建立自由贸易区的时间从15年缩短至10年，并在2003年把内部工业和农产品的关税率降至0.5%。

另外，东盟还积极与亚洲其他国家开展区域经济合作。其中，令人瞩目的是东盟与中国建立的自由贸易区（China and ASEAN Free Trade Area，CAFTA）。

建立中国—东盟自由贸易区，是中国和东盟合作历程中历史性的一步。它充分反映了双方领导人加强睦邻友好关系的良好愿望，也体现了中国和东盟之间不断加强的经济联系，是中国与东盟关系发展中新的里程碑。

自2002年11月双方签署以中国—东盟自贸区为主要内容的《中国—东盟全面经济合作框架协议》始，至2010年1月1日中国对东盟93%产品的贸易关税降为零。

2009年8月15日，第八次中国—东盟经贸部长会议在泰国曼谷举行，商务部陈德铭部长与东盟10国的经贸部长共同签署了中国—东盟自贸区《投资协议》。该协议的签署向外界发出了一个明确的信号，即中国和东盟各国愿同舟共济，携手抗击金融危机，继续推进贸易和投资自由化，反对贸易和投资保护主义，为东亚地区和全球经济的复苏与发展做出重大贡献。

《投资协议》包括27个条款。该协议通过双方相互给予投资者国民待遇、最惠国待遇和投资公平公正待遇，提高投资相关法律法规的透明度，为双方投资者创造一个自由、便利、透明及公平的投资环境，并为双方的投资者提供充分的法律保护，从而进一步促进双方投资便利化和逐步自由化。

此次《投资协议》的签署标志着双方成功地完成了中国—东盟自贸区协议的主要谈判，中国—东盟自贸区在2010年全面建成。

中国—东盟自贸区是中国对外商谈的第一个自贸区，也是东盟作为整体对外商谈的第一个自贸区。2002年中国与东盟启动了自贸区的谈判，2003年“早期收获计划”正式实施，2004年签署了《货物贸易协议》，2007年签署了《服务贸易协议》。

中国—东盟自由贸易区的建成，将会创造一个拥有18亿消费者、近2万亿美元国内生产总值、1.2万亿美元贸易总量的经济区。按人口算，这将是世界上最大的自由贸易区；从经济规模上看，将是仅次于欧盟和北美自由贸易区的全球第三大自由贸易区，由中国和东盟10国共创的世界第三大自由贸易区，是发展中国家组成的最大的自由贸易区。

建立中国—东盟自由贸易区，对中国与东盟都有着积极的意义。中国—东盟自由贸易区的建立，一方面有利于巩固和加强中国与东盟之间的友好合作关系，有利于中国与发展中国家、周边国家的团结合作，也有利于东盟在国际事务上提高地位、发挥作用。另一方面，有利于进一步促进了中国和东盟各自的经济发展，扩大双方贸易和投资规模，促进区域内各国之间的物流、资金流和信息流，促进区域市场的发展，创造更多的财富，提高该地区的整体竞争能力，为区域内各国人民谋求福利。与此同时，中国—东盟自贸区的建立，有利于推动东盟经济一体化，对世界经济增长也有积极作用。

二、东盟自由贸易区案例分析

案例1　中国—东盟自由贸易区农产品贸易

截至2013年，中国已对外签订的自贸协定共9个，涉及17个国家，遍及亚洲、拉美、大洋洲和欧洲。目前，中国与自贸区伙伴国的贸易额，已占到中国对外贸易总额的比重的12%。2012年，中国与东盟贸易额达4 000.93亿美元，高于同期中国对外贸易6.2%的平均增幅，相互累计投资超过1 000亿美元，成为推动双方经济增长的重要力量。从1991年中国—东盟建立对话关系至今，中国与东盟之间的贸易额在22年间增长了50多倍，显示出自贸区强大的生命力。中国与东盟双边贸易增长明显，除了得益于全球金融危机后国际贸易恢复性增长，还得益于中国—东盟自贸区实施的“零关税”政策，使双方进出口企业积极性空前提高。涵盖19亿人口、接近6万亿美元国民生产总值和4.5亿美元贸易额的中国—东盟自由贸易区全面建成后，中国—东盟双方7 000多种产品实行零关税，贸易更加自由化和便利化。

农业是中国东盟自由贸易区建设的重要内容和先行者。由于中国和东盟各国农业处于相同的发展阶段，农业现代化、机械化水平接近，农副产品品种和收获季节具有互补性，决定了中国和东盟农业具有广泛的合作性。2002年双方启动“早期收获”计划，在达成自由贸易区协定之前先期开放农产品贸易，使中国和东盟的农产品贸易得到大幅度增长，中国—东盟农产品贸易，在中国农产品对外贸易尤其是农产品进口中的地位在增加，东盟已经成为我国农产品贸易的重要合作伙伴。2006年从东盟进口农产品金额49.5亿美元，分别是从欧盟和独联体进口的2.3倍、2.6倍，是我国农产品进口的第一大地区。对东盟出口农产品30.5亿美元，位于欧盟之后，是对第三大出口地区独联体出口额的2.5倍。

在东盟10国中，与中国农产品贸易密切的国家主要是马来西亚、印度尼西亚、菲律宾、越南、泰国。马来西亚、印度尼西亚分别是中国农产品第6、8位出口国，菲律宾、泰国、越南、新加坡均在前15位，中国对这6个国家农产品出口额占中国农产品对东盟总出口额的比重为90%。马来西亚、泰国、印度尼西亚、越南分别是中国农产品进口的第5、8、9、20大市场，占中国从东盟进口农产品的比重为95.0%。可以看出，中国农产品进出口东盟主要集中在经济发展水平、人民生活水平相当的几个国家，对新加坡、文莱以及不发达的柬埔寨、缅甸进出口较少。中国从东盟国家主要进口产品为棕榈油、木材及木制品、木薯干和热带水果，而且进口国家比较集中。例如2009年中国从东盟进口农产品36.8亿美元，其中仅第15章农产品就达20.31亿美元，占总进口额的50%以上；15章农产品从马来西亚和印度尼西亚进口额分别为12.71亿美元和7.49亿美元，占从东盟进口的99.5%，主要品种为棕榈油。2009年中国从东盟进口44章农产品8.44亿美元，其中从马来西亚、泰国、印度尼西亚分别进口为4.88、1.83、1.04亿美元，主要品种为各类原木及锯材。中国对东盟农产品出口国家和产品品种都比较分散。2009年中国出口东盟农产品24.2亿美元，除07章、08章、16章分别出口4.634、3.478和2.631亿美元外，其余各章都在1亿美元左右，而且各章出口产品品种和国家也很分散。例如07章产品，2009年中国出口东盟4.634亿美元，其中出口马来西亚、印度尼西亚、泰国、越南、菲律宾、新加坡分别为1.504、1.362、0.662、0.447、0.351、0.308亿美元。出口产品分散，主要有马铃薯、蒜头、洋葱、菜花和甘蓝、胡萝卜、干香菇等。[①]

【案例分析】

作为新兴的全球经济与地缘政治大国，中国与东南亚邻国的经济融合也在日益加强，这是中国自20世纪90年代以来大力推行经济外交战略的丰硕成果。自20世纪70年代以来，在急剧变化的地缘政治环境中，中国与东盟的关系也从对抗、对立逐渐演变为互利互惠的经济合作伙伴关系和睦邻友好关系。中国—东盟自由贸易区是当今世界最具活力与发展最快的庞大的经济体，也是中国推行经济外交新战略，扩大全球影响的成功范例。就地缘政治而言，中国—东盟自贸区的建立不仅有利于进一步巩固中国和东盟于1997年开始构建的“和谐与互利的伙伴关系”，以及2003年确立的“安全伙伴关系”，而且还有力地推动了自贸区的内部合作，为全面建立多层次和多领域的区域一体化奠定了坚实的基础。鉴于中国早已变为东亚共同体的坚定倡导者，并力推东盟在区域一体化进

① 资料来源：中国—东盟自贸区网站 http：//www.cafta.org.cn/.

程中发挥核心作用，东亚一体化的渐进发展模式已逐渐清晰，即构建一个以各方共识为基础的经济联盟，并进而涵盖环保、政治和安全等领域。中国—东盟自贸区不仅对东盟各国有利，而且同样惠及中国自身，并且对中国经济的持续和平衡的发展具有深远的意义。中国目前正在大力推进中国西部省份云南到缅甸皎漂的经济大通道的建设。可以预见，该经济大通道建成之际，中国与东盟的联系将更加紧密。特别是中国与东盟国家接壤，或相邻的西部省份更是可以从中国与东盟的一体化进程中获益。2010 年，与东盟接壤的云南省的对外贸易额增长了 66.5%，明显快于其他各省同期的外贸增速。中国—东盟自贸区在促进中国西部地区与东盟各国开展贸易的同时，也会给中国的中西部地区带来大量的外国直接投资，帮助中国的中西部地区加快经济发展，纠正中国东西部地区之间的发展不平衡问题。这样既有利于稳定中国的社会经济结构，也有利于中国经济发展的长期化和持续化。

三、发展中国家的经济一体化理论——综合发展战略理论

综合发展战略理论是研究和分析发展中国家进行经济一体化时应该考虑的政治、经济、机构等因素的理论。区域经济一体化的不断加强以及发达国家经济一体化的成功实践使得发展中国家的经济一体化成为人们研究的重要课题。综合发展战略理论对发展中国家经济一体化现象做出阐释。其代表人物和代表性观点有：①阿根廷经济学家劳尔·普雷维什（Raul Prebisch）的“中心—外围论”，该理论认为，现存国际经济体系不合理，对发展中国家造成损害，发展中国家必须实行工业化，独立自主地发展民族经济，以发展中国家之间的合作来取代旧的国际经济体系。②印度经济学家阿兰·穆罕默德的基于供应决定相互依赖关系的一体化理论。③鲍里斯·塞泽尔基的综合发展战略理论，他在《南南合作的挑战》书中系统阐述了综合发展战略理论的原则和要素。综合发展战略理论的原则是：第一，区域经济一体化是发展中国家的一种发展战略；第二，

它不限制市场的统一，也不必在一切情况下都寻求尽可能高的其他一体化形式；第三，生产和基础设施是其经济一体化的基本领域；第四，通过区域工业化来加强相互依存性；第五，两极分化是伴随一体化出现的一种特征，只能通过强有力的共同机构和政治意志制定系统的政策来避免它；第六，鉴于私营部门在发展中国家一体化进程中是导致其失败的重要原因之一，故有效的政府干预对于经济一体化的成功至关重要；第七，发展中国家的经济一体化是集体自力更生的手段和按新秩序逐渐改变世界经济的要素。发展中国家在进行经济一体化时，应该综合考虑政治、经济、机构等因素。经济因素主要包括：区域内经济发展水平及各国间的差异；各国间经济的相互依赖程度；新建区域经济合作区的最优利用情况，特别是资源与生产要素的互补性及其整体发展潜力；与第三国经济关系的性质，外国经济实体（如跨国公司）在特定经济集团中的地位；特定集团在一定条件下选择的一体化政策模式和类型的适用性。政治和机构因素主要包括：各国间社会政治制度的差异；各国间有利于实现一体化的“政治意志”状况及稳定性；该区域集团对外政治关系模式；共同机构的效率及其有利于集团共同利益的创造性活动的可能性。综合发展战略理论的特点有：①突破了以往经济一体化理论的研究方法，抛弃了用自由贸易和保护贸易理论来研究发展中国家的经济一体化进程，主张用与发展理论紧密相联系的跨学科的研究方法，把一体化作为发展中国家的发展战略，不限于市场的统一。②充分考虑了发展中国家经济一体化过程中国内外的制约因素，把一体化当作发展中国家集体自力更生的手段和按新秩序变革世界经济的要素。③在制定经济一体化政策时，主张综合考虑政治、经济因素，强调经济一体化的基础时生产及基础设施领域，必须有效的政府干预。总之，综合发展战略理论认为：经济一体化是发展中国家的一种发展战略，要求有强有力的共同机构和政治意志来保护较不发达国家的优势。所以，有效的政府干预对于经济一体化是很重要的，发展中国家的经济一体化是变革世界经济格局、建立国际经济新秩序的要素。

第三节　欧盟的贸易状况及案例分析

一、欧盟及欧盟的农业贸易政策

（一）欧盟的发展历程

欧盟是欧洲联盟的简称，它的前身是欧洲经济共同体（European Economic Community，EEC）。1951 年 4 月，西欧六国（法国、德国、意大利、荷兰、比利时、卢森堡）在法国巴黎签订了《欧洲煤钢联营条约》（也称《巴黎条约》），建立了欧洲煤钢共同体。欧洲煤钢共同体建立后，西欧六国认为可以把巴黎条约的原则扩大到其他领域。1957 年 3 月 25 日，西欧六国政府在意大利罗马签订了《建立欧洲原子能共同体条约》和《欧洲经济共同体条约》。这两个条约合在一起统称为《罗马条约》。《罗马条约》于 1958 年 1 月 1 日生效，同时，欧洲原子能共同体和欧洲经济共同体正式成立。《罗马条约》的主要内容有：建立全面的关税同盟，即内部取消各种商品的关税，对外采用统一关税；对外实行共同的贸易政策；内部实施共同农业政策；逐步协调经济和社会政策，实现商品、人员、劳务和资本的自由流通。

按照《罗马条约》的规定，关税同盟应在 1958—1969 年的 12 年内完成。这 12 年的过渡期分三个阶段，每个阶段为 4 年。每个阶段逐步削减成员国之间的关税以实现自由贸易；调整成员国的对外关税以实现共同的对外关税。但实际上关税同盟只花了 10 年的时间。至 1968 年，西欧六国就提前达到了罗马条约的预定目标，完成了关税同盟的建设，实现了对内取消关税，对外统一关税。在这 10 年里，各成员国之间的贸易和对其他国家的贸易得到了飞速发展。各成员国之间的贸易额翻了两番，成员国之间贸易的增长速度是对其他国家贸易增长速度的两倍；同一时期，共同体国家的国内总产值的年平均增长率达到 5%，高于同期英国、美国等国家的经济增长速度。在关税同盟建设差不多完成的同时，欧洲煤钢共同体、欧洲原子能共同体、欧洲经济共同体三个机构合并为一个机构，统称为欧洲共同体（European Communities，EC），简称欧共体。

进入20世纪70年代后，由消除关税壁垒而建立起来的欧共体统一市场被日益盛行的非关税壁垒所分割，商品流通遭到阻碍。其主要原因在于：经济危机使欧共体经济发展出现了滞胀，共同体内部和外部市场相对缩小，贸易竞争加剧，导致保护主义浪潮汹涌。成员国间为限制进口，不得不借助于非关税壁垒。而《罗马条约》的保护措施规定又为设置非关税壁垒，歧视其他成员国产品提供了合法的依据。欧共体内部市场分隔使企业难以获取规模经济效益，欧共体的产业结构和出口商品结构调整迟缓，尖端科技落后，对外竞争能力削弱，经济发展速度下降。欧共体成员国领导人经过长期磋商，决定建立“欧洲统一大市场”，以振兴经济，与美、日争夺世界市场的主导权。1985年起，欧共体执行委员会主席雅克德洛尔相继组织起草了三份重要文件：《关于完善内部市场的白皮书》《欧洲一体化文件》《为一体化文件的成功而奋斗：欧洲的新边界》。在这三份文件中，德洛尔提出了在1992年年底建成统一大市场的具体计划。该计划不仅得到各成员国首脑的批准，而且实施得也比较顺利。到1992年年底，各国基本撤除了各种阻碍商品和要素自由流动的壁垒，一个统一大市场基本形成。这也意味着欧共体从关税同盟进入了共同市场。

在建设欧洲统一大市场的计划确定之后，欧共体又不失时机地把经济与货币联盟的建设提上议事日程，以实现《罗马条约》的最终目标。1991年12月，在荷兰马斯特里赫特城举行了成员国首脑会议，决定正式签署《马斯特里赫特条约》（简称“马约”），又称《欧洲联盟条约》。这个条约由《经济和货币联盟条约》和《政治联盟条约》组成。前者的最终目标是实现欧洲统一货币和成立欧洲中央银行；后者的目标是建立共同外交、防务、社会政策等方面的国家联盟。“马约”须交各成员国国内批准，等所有成员国批准后，条约方可生效。条约生效日期原定于1993年1月1日，意在于统一大市场相衔接。由于1992年9月欧洲爆发了一场金融风暴，“马约”在有些成员国国内批准过程中遇到波折。一直到1993年11

月，“马约”才被所有的成员国批准通过。从此，“欧洲共同体”则被改名为“欧洲联盟”（European Union，EU）。

西欧经济一体化的发展，可以从两个方面来看：一个方面是其内涵在不断深化。从关税同盟、共同市场发展到现在的经济与货币联盟。成员国之间的商品、劳务、资本、人员实现了自由流动，有了统一的货币（欧元）和中央银行，内部和外部的经济政策也实现了高度的统一。另一个方面是其外延也在不断扩大。西欧经济一体化组织的成员国数量不断增加。20 世纪 70 年代，英国、爱尔兰和丹麦成为成员国；20 世纪 80 年代，希腊、葡萄牙和西班牙成为成员国；20 世纪 90 年代，芬兰、奥地利和瑞典加入了欧盟；2004 年 5 月，东欧 10 国波兰、捷克、匈牙利、斯洛伐克、斯洛文尼亚、拉脱维亚、爱沙尼亚、立陶宛、塞浦路斯和马耳他正式加入欧盟。2007 年 1 月 1 日，保加利亚和罗马尼亚加入欧盟。2013 年 7 月 1 日，克罗地亚加入欧盟。至今，欧洲联盟由最初的 6 国发展成为现在的 28 个国家。此外，1992 年 2 月欧盟还与欧洲自由贸易联盟在卢森堡达成了有关欧洲自由贸易区的协议。这样欧洲 19 个国家组成了世界上最大的自由贸易区。

（二）欧盟的共同农业政策（CAP）

为了发展农业，保障农产品市场供给，改变欧盟“工业发达、农业落后”的面貌，1962 年在欧共体委员曼斯霍尔的主持下，欧盟制定了“共同农业政策”。欧盟自 1962 年起，根据农产品的分类，陆续建立起了多个农产品的共同市场组织，它们覆盖了大部分产品，占大约最终产量的 90%。欧盟实行农产品共同价格制度，这是保证农产品在欧盟内部自由流通的基础。在共同价格制度下，成员国农产品市场价格可以在共同价格限定范围内波动，一旦超出范围，价格支持机制会发生作用，使之复归到允许波动的范围。共同农业政策的资金支持来源于“欧洲农业指导和保证基金”。指导部分用于农业生产结构调整所需资金，约占 5%左右；保证部分用来支持有关农业市场管理的所有或部分措施。CAP 通过保护内部市场价格、进口差价税、限量生产、以及出口补贴等形式对生产给予强大支持。欧盟内部是个独立的市场，实行共同定价，农产品可以自由流通；而对来自 EEC 以外的进口产品则征收统一的关税。当农产品价格低到一定水平时，CAP 允许进行价格干预，通过购入农产品来提高市场价格。对过量生产的农产品，或是定期销毁，或是通过出口补贴以低价出口。2003 年欧盟对共同农业政策进行了改革，从单纯关注农业发展转移到农业和农村发展，形成了农业发展和农村发展两大政策支柱。对农业的支持保护手段也从过去的以价格支持为主，转向价格支持、直接补贴、“交叉达标”规定、农村发展等多手段相互协同的“一揽子”支持体系。2013 年欧盟对共同农业政策再次进行改革，欧委会通过了欧盟共同农业政策改革一揽子协议，本次改革旨在为欧盟未来 7 年（2014—2020 年）设定新的共同农业政策。改革的主要目标在于通过更加公平的农民收入分配方案和更加有效的农村发展政策促使欧盟共同农业政策更加绿色，更加有的放矢。此次改革的主要内容包括：直接支付；欧盟单一市场；农村发展建设；水平管理。同时，为了进一步开拓欧盟的农业市场，并贯彻“享受欧盟制造”的口号，同时帮助农业部门进入国际市场，为消费者提供优质的欧盟产品，欧委会发布欧洲农业及农产品促进政策草案，旨在建立欧盟推广战略。该战略的主要内容包括：第一，对第三国和多国的项目，实行更高的合作融资率：将合作融资率从 50％提高至 60％。第二，在成员国市场内，扩大欧盟质量体系的宣传，减少消费者对欧盟农产品的认知的不足，了解欧盟农产品的优点。其具体措施包括：允许在一定的范围内对产品的原产地及品牌进行标识；扩大包括生产者组织在内的受益者；增加获得欧盟质量体系认可的资格范围，尤其是农产品加工业；简化行政程序及管理程序。

二、欧盟农产品贸易案例分析

案例 2　英国的疯牛病危机

或许没有一场危机可以像疯牛病危机这样持续近 20 年，依然还有新的发展；或许没有一场危机可以从一场普通的农牧业疫情，发展成为一个国家乃至整个地区的社会、政治危机。1986 年始发于英国的疯牛病，最初只是被认为是一种普通的动物疫情，直到 1996 年英国政府公开证实了它对人类的致命性，才引起了欧盟委员会和各成员国政府的广泛重视，加强了对其的监管和预控。英国是这场危机的发源地和重灾区，英国政府对这场危机初期管理的滞后导致了危机的蔓延扩散。从 1996 年开始，欧盟对英国牛肉实施出口禁令，英国政府曾一度采取不合作政策，与欧盟成员国乃至欧委会的摩擦不断，“牛肉大战”演化成为外交危机。1997 年布莱尔政府开始在疯牛病问题上与欧盟开展合作，并在内外压力下加强了对危机的预防、监控和处理的机制，使该危机在英国有所控制。但是，2000 年，疯牛病在德、法等欧盟国家相继发作，导致了新一轮疯牛病恐慌，疯牛病危机成为欧洲人心头挥之不去的阴影。

疯牛病危机要追溯到 1986 年 10 月 25 日，位于英国东南部的一个风光绮丽的小镇——阿福什德镇发现了第一头患疯牛病的牛。这是一头黑白相间的奶牛，发病之初，它无精打采，然后是站立不稳，步履踉跄，到后期便口吐白沫，倒地不起。经权威兽医确诊后，这头牛患的是疯牛病。同年，英国国家兽医中心第一次进行检测，发现 4 起疯牛病病例。1987 年 11 月，在英国的 80 个农场发现 95 例病例。到 1988 年，发现 2 512 例病例。1989 年共登记有 8 443例疯牛病。至 1990 年年底，疯牛病泛滥至 17 323 例。1992 年达到最高值，为 44 544 例。虽然从发病数量上看，危机自 1992 年后有所减缓，但从 1990 年开始，相继发现了猫和猪感染疯牛病的病例，人们开始担心疯牛病会传染给人类。到 1996 年，不幸终于被证实了，3 月 20 日，英国政府宣布，10 名新型克雅氏病患者与疯牛病有关，犹如一石激起千层浪，整个英国乃至整个欧洲“谈牛色变”，在短短的几个月中，欧盟多个国家的牛肉销售量下降了 70%，各成员国间因为“牛肉”而互不信任，纷争四起。1996 年到 2002 年 5 月 6 日，英国已有 89 人被证实死于新型克雅氏疾病。英、法、德等国民众纷纷通过示威、抗议等各种形式表达对政府危机管理无能的不满，隐藏已久的疯牛病危机骤然表面化，从一场农牧业领域的经济危机升级为社会、政治危机。1996 年 3 月 27 日，欧洲理事会禁止英国出口牛肉及相关产品。1996 年 5 月 24 日，英国上诉欧洲法院，要求收回出口禁令，虽被驳回，但批准其可通过与盟国政府谈判取消禁令。1996 年 6 月 21 日，欧盟成员国政府首脑会以签署《佛罗伦萨框架协定》，要求在英国达到以下先决条件的基础上，取消对英国牛肉进口的限制：淘汰性屠宰有被感染危险的动物；改善英国的动物身份证和追踪体系；立法禁止将哺乳动物的肉和骨头用于动物饲料；屠宰 30 个月大的牛；有效清除屠宰后动物尸体残留的危险材料。除了通过出口禁令来制止疯牛病危机的蔓延以外，欧盟还采取了其他的防范措施，包括：1997 年 4 月 1 日开始实施关于处理动物肥料的“严格加工标准”；1998 年 5 月 1 日开始对检测、控制和消除疯牛病实施“积极监督”。欧盟的这些措施一度使消费者对牛肉安全和消费的信心回升，但 2000 年爆发在德、法等国的新一轮危机又使消费者信心再度跌落下来。这使欧盟不得不采取紧急措施，试图恢复市场信心和牛肉消费。尽管有严密的措施，疯牛病危机还是在整个欧盟地区爆发了。2000 年 2 月初，欧盟各国农业部部长开会时一致认为，疯牛病危机对欧盟的经济和社会压力已经达到“紧急状态”。2006 年 10 月，法国一些超市里发现了被怀疑染有疯牛病病毒的牛肉，引起普遍恐慌。疯牛病危机使法国的牛肉销售量锐减，出口遭到重创，法国农牧民经济损失惨重，政府在这场危机中承受了来自各方的巨大社会压力：一方面为了消费者利益必须采取断然措施控制疯牛病蔓延；另一方面又要想办法尽量帮助养牛者渡过难关。此后不久，德国、西班牙和意大利也相继发现了疯牛病病例，整个西欧陷入了一场严重的疯牛病危机。

疯牛病危机使欧盟内部的贸易摩擦增加。这其中最为明显的例子就是“英法牛肉大战”。尽管欧盟已经于 1999 年取消了英国牛肉的出口禁令，但法国政府仍拒绝解禁，2000 年 12 月，欧盟法院曾下令法国解除这项禁令，遭到了法国政府的拒绝。英国对此强烈不满，认为法国不是在“防止疯牛病蔓延”，而是实行贸易保护主义，为此，英国一些进口商对法国的水果、酒类和其他食品进行了抵制，这对两国的贸易往来产生了不利影响。随着疯牛病的进一步蔓延，类似的贸易摩擦同样不可避免，这已经影响到欧盟内商品自由流通的正常运转。

欧盟内部围绕共同农业政策的分歧因此进一步扩大。疯牛病危机发生后，有些成员国要求从农业预算的其他项目中投出资金用来支持养牛业。但有的成员国却认为，这样做会造成欧盟农业政策的混乱，损害更多成员国的利益。欧盟委员会负责农业事务的委员费施勒甚至表示要重新审查共同农业政策。德、法政府则主张修订欧盟农业政策，重新确定共同农业政策的目标，认为只有进行根本性的转变才能重新使人们相信共同农业政策的可靠性。他们还提出重新安排农业援助问题，将农业财政支持与遵守消费者保障权益、环境保护和动物保护的各项标准相挂钩，以取代对管理不善的农业进行税收支持的政策。欧盟农业政策的改革历来十分敏感，弄得不好会造成欧盟内部的分裂。欧盟内部边境开放后，方便了贸易往来和交通运输，但由于取消了各种检查措施而给疾病的传播开了方便之门，也为形形色色的不法之徒提供了便利，使疾病更易传播。①

【案例分析】

从英国的疯牛病危机可以看出，随着区域经济一体化过程的深入，成员国一国的问题难免会波及整个区域经济一体化组织，这时一体化组织如何加强内部合作，提高处理危机的能力便显得日益重要。从以上可以看出，在疯牛病危机发生的初期，英国政府和欧盟的危机初始管理是很失败的，这直接导致了疯牛病危机的蔓延及涟漪效应。当时在未明确向养牛者和牛肉经营者与消费者传达危机严重性的同时，英国拒绝以市场价收购病牛，农民不甘心亏本，于是将有可能染病的牛另找销路出售，从而造成大量病牛肉进入欧盟市

① 资料来源：中国农业新闻 http：//www.farmer.com.cn/.

场和全球市场。在1990年，德国、法国、奥地利等国已经开始禁止进口英国牛肉，并向欧委会提议欧盟实施这一措施。但是，欧委会并未意识到问题的严重恶果，一方面同意采取保障公民健康卫生的措施；另一方面却威胁要欧洲法院来判断成员国的禁令是否合法，迫使各国不得不取消禁令。1996年当得知人也会感染疯牛病时，才意识到危机的严重性，疯牛病危机已经爆发了10多年，所能找到的解决办法已经过时了。疯牛病危机的爆发与扩大，暴露了欧盟缺乏对国内危机特别是欧盟内部问题的系统研究。欧盟下设24个总司，其对危机的研究与管理几乎都集中在军事和安全领域。没有哪一个部门专门负责保护欧洲的公众健康，这是疯牛病问题爆发之初没有引起足够重视从而引起疯牛病蔓延的原因。

因此，从英国的疯牛病危机中，也可以得出以下启示：区域经济一体化成员国间的信息沟通很重要：成员国政府管理危机与传达危机信息的渠道要畅通，应定期向公众和欧盟委员会通报危机管理的进程；应重视危机研究及经济同盟成员国各部门间的合作管理。通过各类研究机构使公众正确理解危机，避免过度恐慌，提高对危机的反应能力。各成员国机构间应共同分享有关危机情报，通过对危机管理人员进行培训等手段，提高管理和传达危机信息的技术水平，应指定由环境、食品与农村事务部主要负责危机的管理；成员国间应加强合作，采取具体有效的措施，保障食品安全；加强对疯牛病的研究；屠宰感染牛群；保护牛肉市场；发放屠宰补贴；提高消费者的信心；进行市场干预性购买，维系牛肉的价格体系；由成员国政府相互合作向整个行业注入资金，支持个人公司重组等。总之，英国应积极与欧盟和欧洲的其他国家协调，才可以及时防止危机的扩大与恶化。这说明，随着欧洲一体化的深入，一国的问题难免会波及整个欧盟，欧盟如何提高处理内部危机的能力便变得越来越重要。

案例3　中国和欧盟的蜂蜜贸易

蜂业是我国的传统特色产业，集经济、社会和生态效益于一体，是现代农业的重要组成部分。我国是世界最大的蜂产品生产和出口国之一。随着近年来美国对中国蜂蜜一再实施反倾销，欧盟逐渐成为中国蜂蜜出口的最大目标市场。2012 年，中国对欧盟出口蜂蜜 6.55 万吨，出口额为 122.49 百万美元，占全国蜂蜜出口总量的 59.49%。从数量上看，中国蜂蜜对欧盟的出口呈现下降后稳步上升的态势。2001 年，中国对欧盟出口蜂蜜为 43 347.65 吨，2004 年减少到 435.58 吨，但 2005 年以来，中国蜂蜜对欧盟的出口逐年增加，2012 年达 65 534.48 吨。近年来，中国蜂蜜对欧盟出口的稳步增长态势在贸易占比上也得到证实。2004 年，对欧盟出口仅占全国蜂蜜总出口的 0.54%，2012 年则提高到 59.49%。贸易数量及其占比的同步上升趋势表明，中国蜂蜜对欧盟的出口呈良好的发展态势。而且，近年来欧盟已跃升为中国蜂蜜出口的第一大海外市场。从金额上看，中国蜂蜜对欧盟出口的先下降后上升趋势也很明显。2001 年，中国对欧盟出口蜂蜜为 3 567.32 万美元，2004 年出口额仅为 45.46 万美元。但从 2005 年开始反弹，到 2012 年出口额达 12 248.60 万美元。近年来中国蜂蜜对欧盟出口的增长趋势从其占全国蜂蜜出口总额的比重上也能证实。2004 年，对欧盟出口占全国蜂蜜总出口的 0.51%，2012 年提升至 56.96%，这说明中国蜂蜜对欧盟的出口呈现良好的态势，且欧盟已成为中国蜂蜜最重要的目标市场之一。在中国蜂蜜对欧盟出口不断繁荣的背后，是不平衡的贸易结构和明显的国别差异。首先，市场集中度高。入世以来，比利时、英国、德国、西班牙、荷兰是中国蜂蜜对欧盟出口的前五大细分市场。2001—2007 年，前五大细分市场占中国蜂蜜对欧盟出口总额的比重均超过 90%。2003—2004 年的比重为 100%。近几年，国家一再提倡市场多元化，以降低贸易风险，少数几个市场集中份额的情况有所缓解。尽管如此，近年来的市场集中度仍然比较高。2012 年，中国对前五大细分市场的蜂蜜出口额为 9 607.03万美元，占全国对欧蜂蜜出口总额的 78.44%。其次，年度波动剧烈。中国蜂蜜对欧盟的出口在不同年份存在较大的波动。入世以来，比利时一直都是中国对欧出口蜂蜜最多的国家，但

2004年比利时中断了对中国蜂蜜的进口。作为第二大市场，英国也曾在2003年和2004年停止进口中国蜂蜜，这与中国蜂蜜在欧盟被检出氯霉素、链霉素等残留超标直接相关。再次，贸易稳定性差。尽管中国对欧盟出口蜂蜜的前几大市场总体上较为集中，但涉及到具体的国别上，贸易的稳定性不够强。以中国对欧盟出口蜂蜜的第一大市场为例，2001年的第一大市场为英国，出口额为835.80万美元，占对欧蜂蜜出口总额的23.43%；2002年变为德国，出口额为347.30万美元，占比为48.85%；2003—2004年是波兰；2005—2007年是西班牙；2008—2010年为比利时；2011年又变为英国；2012年变为比利时。实际上，不仅第一大市场在变，其他的市场也在发生变化。这种不稳定的贸易格局说明，对于中国蜂蜜来说，欧盟市场存在极大的波动性。①

【案例分析】

欧盟是世界最大经济体，也是全球最大的出口方。2009年，欧盟货物和服务出口总额达1.6万亿欧元，占当年GDP的13%。欧盟同时也是最重要的外国直接投资的输出方和接受方。在目前的世界贸易构成中，尽管新兴经济体快速上升，但欧盟的份额仍保持稳定。欧盟是国际贸易中的重要力量，这也得到了公众认可。开放经济体比封闭经济体增长更快。贸易提高了效率，培育了创新，推动了欧洲经济增长，并增加了国外市场对欧洲货物和服务的需求。开放的贸易也为消费者提供了丰富的低价商品。对外国直接投资的开放提升了欧洲竞争力。同样，欧洲企业在海外的投资让他们在全球得到发展，在本土和驻在国创造了就业。欧洲更需要抓住贸易和投资开放所带来的三重功效，即更快的增长、更多的就业和更低的价格。但是，开放的贸易政策要在欧洲取得政治上的成功，还取决于其他相关方，包括发达的和新兴的伙伴，能否根据对等、互利的

① 资料来源：中国商务部网站食品土畜频道 http：//wms.mofcom.gov.cn/article/ztxx/ncpmy/.

原则来作出同等努力。如果欧盟不能公平地获及原材料供应，或者欧盟成员国的企业通往海外政府采购市场的道路被阻断，贸易政策在欧洲就得不到公众支持。欧盟是当今世界上最发达的区域经济集团，同时又构成了我国出口贸易三个主要的区域市场之一欧洲市场的主体。全球金融危机后，美国经济的减缓，日本经济的下滑，使得与欧盟贸易成为关系我国对外贸易发展的一个重要因素。中欧贸易额的不断扩大，中欧贸易间的摩擦呈现出不断升级的趋势，中欧贸易间温和的色彩似乎在不断淡化。大规模的中方顺差、贸易不平衡引发的贸易摩擦向纵深层次发展。中欧在环境、卫生、安全、劳工等方面的贸易不仅少，而且壁垒重重。欧盟对华反倾销不仅立案数量有所增加，而且对以前年度做出的反倾销终裁产品又重新启动了反规避、反吸收等新的调查方式。此外，欧盟还出台了具有一定的合法性和隐蔽性的形形色色的技术性贸易保护措施，在执行上异常严格苛刻，对于中国产品进入欧盟市场造成了一定程度的阻碍，这在近两年欧盟新出台的若干技术法规、技术标准、标签标识和卫生与植物卫生措施中表现尤为突出。近年来，欧盟一直是国际市场最大的资本输出国和技术输出经济体之一，这与中国在贸易品种和结构上形成了较强的互补性，但由于欧盟属于由不同发展程度国家组成的经济体，其中许多欧盟国家的产品和贸易结构与中国又存在较大的竞争性，这种竞争性虽然鉴于品牌和技术层次的不同，体现出了较为明显的错位竞争特征。但随着中国产业结构、贸易结构和品牌建设水平的梯度升级，这种错位竞争的空间逐渐缩小，客观上导致中欧贸易摩擦不断升级。欧盟内部这种复杂的国别经济的结构性特征，不仅给欧盟内部利益协调带来了难度，而且影响着欧盟对外贸易政策和立场的稳定性，从而一定程度上影响了中欧贸易的稳定性。另一方面，欧盟内部复杂的国别经济的结构性特征为欧盟内部贸易的互补性提供了政治保障。然而，欧盟内部基于政治因素的贸易互补性一旦遭遇到如中国等基于较强成本优势的外部冲击时，欧盟内部更容易滋生出较强的贸易保护行为和复杂的内部利益博弈。

三、经济一体化理论中的协议性国际分工理论

协议性国际分工原理是由日本学者小岛清提出的。他认为：经济一体化组织内部如果仅仅依靠比较优势原理进行分工，不可能完全获得规模经济的好处，反而可能会导致各国企业的集中和垄断，影响经济一体化组织内部分工的发展和贸易的稳定。因此，必须实行协议性国际分工，使竞争性贸易的不稳定性尽可能保持稳定，并促进这种稳定。所谓协议性国际分工，是指一国放弃某种商品的生产并把国内市场提供给另一国，而另一国则放弃另外一种商品的生产并把国内市场提供给对方，即两国达成相互提供市场的协议，实行协议性国际分工。协议性分工不能指望同通过价格机制自动地实现，而必须通过当事国的某种协议来加以实现，也就是通过经济一体化的制度把协议性分工组织化。如拉美中部共同市场统一产业政策，由国家间的计划决定的分工，就是典型的协议性国际分工。从以上的分析可知，为了互相获得规模经济的好处，实行协议性国际分工是非常有利的，但达成协议性分工还必须具备下列条件：①两个或两个以上国家和地区的资本劳动禀赋比例差异不大，工业化水平和经济发展阶段大致相同，协议性分工的对象产品在每一个国家和地区都能生产。在这种条件下，互相竞争的各国之间扩大分工和贸易，既是关税同盟理论的贸易创造效应，也是协议性国际分工理论的目标。然而，在要素禀赋比例或经济发展阶段差异较大的国家间，某个国家可能由于比较成本差异较大或实现完全专业化，那比较优势原理仍起主导作用，则并无建立协议性国际分工的必要。②作为协议性分工对象的商品，必须是能够获得规模经济的商品。一般是重工业、化学工业等的商品。③每个国家自己实行专业化的产业和让给对方的产业之间没有优劣之分，否则不容易达成协议。这种产业优劣主要取决于规模扩大后的成本降低率和随着分工而增加的需求量以及增长率。在实行分工之前，两国都分别生产两种产品，由于市场狭小，导致产量小、成本高。两国经过协议性分工后，各自进行集中和专业化生产，会使各自生产的产品的生产成本

大幅度下降，价格下降会使需求增加，各国都享受到了规模经济的好处。但是，协议性分工不能指望通过价格机制自动地实现，而必须通过当事国的某种协议来加以实现，也就是通过经济一体化的制度把协议性分工组织化。上述三个条件表明，经济一体化或共同市场必须在同等发展阶段的国家之间建立，而不能在工业国与初级产品生产国即发展阶段不同的国家之间建立。同时也表明，在发达工业国家之间，可以进行协议性分工的商品范畴的范围较广，因而利益也较大。另外，生活水平和文化等互相类似、互相接近的地区，容易达成协议，并且容易保证相互需求的均等增长。

第四节　北美自由贸易区及案例分析

一、北美自由贸易区

北美自由贸易区（North American Free Trade Area，NAFTA）的前身是由美国和加拿大两国建立的美加自由贸易区。进入20世纪80年代后，美加之间的经济关系获得了进一步发展，双方在贸易、投资上相互渗透、相互依赖关系更加加深。然而，两国在经济上的矛盾又频频发生并不断扩大，以致危及双方的经济利益。于是，两国逐步认识到，只有通过双边自由贸易，才能避免矛盾的进一步激化，并获得自由贸易的好处，求得最佳的经济利益。这是促成《美加自由贸易协议》签订的内在动因。美加两国经过23轮，历时一年零四个月的谈判，拟定了双边自由贸易的草案。1988年1月2日美国总统和加拿大总理签署了《美加自由贸易协议》，该协议在1989年1月1日分别获得了美国国会和加拿大议会的批准，正式生效。

《美加自由贸易协议》规定10年内取消商品进口关税和非关税壁垒，两国商品关税分三批陆续于1989年、1993年和1998年降至为零。该协议为防止转口避税，制定了原产地规则。另外，该协议对农产品、能源、汽车、劳务、金融服务贸易作了规定。关于两国贸易纠纷，则由一个处理争端的机构来负责。

美国在签订了《美加自由贸易协议》后，马上又在1990年6月与墨西哥磋商签订美墨自由贸易协议事宜。双方在磋商中感到加拿大也应参加谈判。1990年9月加拿大宣布将参加谈判。三国于1991年6月正式开始谈判。经过14个月的讨论和协调，1992年8月12日签订了《北美自由贸易协议》。该协定在1994年1月1日正式生效。

《北美自由贸易协议》规定15年内建成自由贸易区，三国的商品关税取消分三批进行：50%的商品关税立即取消；另外15%的商品关税在5年内取消；其余的商品在第6～15年内逐步取消。在原产地规则方面，北美自由贸易协议比美加自由贸易协议更加严格，如它要求包含62.5%（美加协议是50%）以上北美部件的车辆才有资格享受免税待遇。纺织品及服装必须在北美自由贸易区内生产主要部分，才能享受关税减免待遇。另外，协议对服务、投资、知识产权、政府采购等方面都作了规定，在较为棘手的汽车、农产品、纺织品、能源、运输、文化及环境等方面还专门列了细则加以说明。

在美加墨三国决定开展北美自由贸易协议谈判后，美国政府提出了“美洲倡议”，意在把自由贸易范围扩大至美国的“后院”——拉丁美洲，建立美洲自由贸易区。《北美自由贸易协议》生效后，1994年12月，由美国召集，在美国迈阿密举行了由北美、南美和加勒比海所有国家（除古巴外）共34个国家参加的“美洲首脑会议”，讨论建立美洲自由贸易区。会上通过了《原则声明》和《行动计划》，决定在2005年完成“美洲自由贸易区”的谈判。此后，这些国家在圣地亚哥和魁北克又召开过两次首脑会议和多次贸易部长级会议。美洲自由贸易的谈判已历经数年，但进展甚微，在消除商品和服务贸易壁垒这个主要目标方面几乎没有达成任何有意义的协议，谈判一直停留在议程和框架层面上，无从深入。

北美自由贸易协定成员国还在酝酿建立共同市场。美加墨三国打算用25～30年时间建立共同市场，实现三国间统一货币的自由流通，以及人员和资金的自由流动。

二、北美自由贸易区案例分析

案例4　北美自由贸易区的建立

北美自由贸易区是美国、加拿大、墨西哥三国在1992年8月签订《北美自由贸易协定》后成立的，1994年1月1日正式生效和运行。它是迫于经济一体化的外在压力和三国业已存在和不断发展的经贸关系向更高层次发展的内在要求下应运而生的，是美国联合其周边国家抗衡欧共体的产物，是第一个由发达国家与发展中国家达成的贸易联盟。所谓自由贸易区是两个或是两个以上的国家，通过达成某种协议建立起来的成员国之间互相取消关税和与关税同等效力的其他措施的经济一体化组织。北美自由贸易协定要求各国消除彼此之间的关税壁垒，开放金融市场，放宽对外资的限制，保护知识产权，通过在自由贸易区内扩大贸易和增加投资机会来扩大就业和促进经济增长。任何区域经济一体化的实质都是实行“对内自由、对外保护”的原则，北美自由贸易协定也不例外，它的建立和维持是要认可各成员国的特殊利益并保障它们从一体化组织中获得抗衡的共同利益。北美自由贸易区内部国家的经济联系相对较为紧密，易于形成较为合理的协作体系，贸易自由化范围相对较小并易于推进，促使成员国的经济合作迅速发展。

（1）北美自由贸易区的建立大大加快了墨西哥与美加两国的贸易自由化程度，美墨贸易额从1993年的896亿美元，增加到1998年的1 737亿美元，约占墨西哥外贸总额的80%，墨西哥已经成为美国的第二大贸易伙伴。对于美国来说美墨贸易有较强的互补性，1998年美对墨的出口额占美出口总额的11.7%，进口额占美进口总额的10.5%。加拿大和墨西哥之间由于以往双边贸易金额较小，北美自由贸易协定的实施使得两国的贸易以惊人的速度增长。加拿大和美国在经贸上联系密切，美国是加拿大最大的贸易伙伴，加出口到美的产品占其出口总值的80%，占国民生产总值的25%，进口美国产品占美出口总值的25%，与美国的贸易额占该国贸易总额的70%左右。北美自由贸易区内部市场互相开放，相互提供优惠，区外的国家地区因享受不到优惠而形成了事实上的贸易壁垒，外来产品的竞争力下降，从而形成“贸易转移效应”。再加上由于关税与非关税壁垒的取消使得市场扩大，又形成了“贸易创造效应”。比如说北美自由贸易区成立后，由于其独特的原产地规则，直接庇护了区域内纺织品服装贸易。美国、加拿大和墨西哥之间逐渐形成了美国生产棉纱，在墨西哥、加拿大织成布，做成服装再回流到美国的纺织品服装贸易的区内循环。墨西哥已经取代中国成为纺织品对美出口的第一大国。加拿大和墨西哥对北美自由贸易区内部市场的依赖程度超过40%，美国对北美市场的贸易依存度也达到25%左右。

（2）北美自由贸易区的建立还优化了区内资本资源的配置。美加墨三国处于不同的经济发展阶段，当然投资资金供给的多寡亦不同。美国是全球外国直接投资的最大输入国。由于美加长期的经贸联系，美国对外直接投资总额中加拿大分享的比例高达20%，而墨西哥的经济发展一直受制于资本的匮乏。北美自由贸易区建立后，流入墨西哥的外国直接投资大幅度增加。据联合国经贸组织统计，从20世纪60年代末至1993年的25年中，外国对墨的直接投资额累计总值700亿美元，年均引进仅为28亿美元。美国的直接投资额占到对墨西哥直接投资总额的60%，同时加拿大到墨的投资企业也成倍增长，成为在墨西哥国外直接投资增长最快的国家，投资涉及的领域遍及金融、电讯、运输、采矿等许多行业。此外墨西哥也成为区外投资者的热土，投资主体呈多元化分布，其中来自于欧洲国家的企业的资金总计超过60亿美元，亚洲向墨西哥直接投资的厂商从仅限于日本扩展到印度、韩国和新加坡等。

（3）增加了就业机会，主要是促使墨西哥和加拿大就业的增加。伴随着北美自由贸易区的运作进程，各成员国政府的国内高失业率分别有了不同程度的改善。北美自由贸易区通过贸易的扩大，增加了美加墨三国的就业机会，提高了人民的平均生活水平。墨西哥的经济能够迅速从1995年年初的金融危机中复苏，很大程度上归功于北美自由贸易区，这与1982年的金融危机形成鲜明的对比，前者只花了18个月就恢复了出口，而后者则整整花费了7年。而且墨西哥从危机中恢复之后一直保持高于整个拉美地区的经济增长率。1996—1999年，拉美地区的经济增长率为3.7%、5.4%、2.1%、0%，同一时期墨西哥的经济增长率分别是5.2%、6.8%、4.9%、3.5%。显然墨西哥的经济形势与北美自由贸易区有着密切的联系。北美自由贸易区给美国带来了贸易的增加和产业结构的升级，把一些缺乏竞争性部门的工作转移到更有竞争性的部门，把低技术和低工资的工作变为高技术、高工资的工作，有利于美国保持在经济技术贸易上的领先地位。①

【案例分析】

北美自由贸易区是典型的南北双方为共同发展与繁荣而组建的区域经济一体化组织，南北合作和大国主导是其最显著的特征。北美自由贸易区既有经济实力强大的发达国家（如美国），也有经济发展水平较低的发展中国家，区内成员国的综合国力和市场成熟程度差距很大，经济上的互补性较强。各成员国在发挥各自比较优势的同时，通过自由的贸易和投资，推动区内产业结构的调整，促进区内发展中国家的经济发展，从而减少与发达国家的差距。北美自由贸易区是以美国为主导的自由贸易区，美国的经济运行在区域内占据主导和支配地位。由于美国在世界上经济发展水平最高，综合实力最强；加拿大虽是发达国家，但经济实力远不如美国；墨西哥是发展中国家，对美国经济的依赖性很强，因此，北美自由贸易区的运行方向与进程在很大程度上体现了美国的意愿。由于墨西哥与美国、加拿大的经济发展水平差距较大，而且在经济体制、经济结构和国家竞争力等方面存在较大的差别，因此，自《美加自由贸易协定》生效以来，美国对墨西哥的产品进口关税平均下降84%，而墨西哥对美国的产品进口关税只下降43%；墨西哥在肉、奶制

① 资料来源：中国自由贸易区服务网 http：//fta. mofcom. gov. cn/.

品、玉米等竞争力较弱的产品方面，有较长的过渡期。同时，一些缺乏竞争力的产业部门有10～15年的缓冲期。

虽然北美自由贸易区把三个成员国的经济更紧密地联系起来，但也使墨西哥的经济过分依赖于美国，这即使墨西哥得到了美国经济增长的好处，也使其经济的独立性较差。北美自由贸易区的建立带来了以下几点启示：

（1）区域合作能使发达地区保持国际竞争力。20世纪90年代，美国迫于欧洲和日本经济竞争，改变了不搞区域经济组织的想法，力图利用建立北美自由贸易区，并通过参与国的经济合作和区域一体化，推进区域经济发展，提升本国在国际经济中的地位。十多年的发展证明，发达地区想要保持较强的国际竞争力，最重要是使本地区一直处于国际经济发展的主流地位，极力避免边缘化。保持区域经济的主流地位就必须融入某个区域一体化组织，应尽量在这个大区域中证据重要地位或者核心地位。在我国的跨区域合作中，例如泛珠三角区域合作，通过由粤港澳合作形成的大珠三角的发达区域的主导和带动，在经济一体化中继续保持和提升自己的国际竞争力。

（2）区域合作以经贸为主，通过协议循序渐进发展。北美自由贸易区由于是在发达国家与发展中国家建立的自由贸易区，有关协议国对实现区域内自由贸易采取了以合作协议来逐步推进的方式。各协议国签订了大量的双边和多边协议，主要内容包括：消除关税和削减非关税壁垒、开放服务贸易、便利和贸易有关的投资，以及实行原产地原则等，还包括劳工、环境等附属协定。考虑到不同国家的发展水平，主要协议条款规定在10年内逐步消除所有贸易和投资限制，对几个敏感行业的过渡期为15年。这是一个复杂的国际协议框架，它提供了一整套的规则和制度框架来管理三国间的贸易和投资关系，同时提供了吸纳新成员和采用新的争端解决程序的机制，这是先前其他国际经济协定中都不具备的。这样一种事先确定制度和法律框架的合作，对我国的跨区域合作是有借鉴意义的。

（3）区域合作注重产业一体化中的分工协作。北美自由贸易区的成立，将美国、加拿大和墨西哥共同纳入一个产业一体化中的分工协作体制。最明显的是加拿大的原材料、墨西哥的劳动力与美国的技术管理相结合，形成了以美国为轴心的生产和加工一体化。其中美、加生产一体化主要表现为水平的产业内分工，如两国在飞机和汽车制造、钢铁、食品加工、化学品和布料加工业等形成了更密切的产业内联系。而美墨生产一体化的行业主要集中在电器、汽车和服装这几个行业，带有明显的垂直的产业内分工的特点，主要是美国将零部件运到墨加工后再返回美国。这种产业一体化中的分工协作体制使各国的产业优势得到更大的发挥，这对我国的跨区域合作是很有启示的。

（4）虽然对相对落后地区有一定扶持，但对消除贫困不成功。北美自由贸易协定注意到各国经济发展水平的不同，在合作协议中也有对相对的落后国家产业的保护和一定的扶持，但对墨西哥这个发展中国家来说，北美自由贸易区的发展对消除贫困来说，并没有提供帮助。

三、经济一体化理论中的贸易创造和贸易转移效应

关税同盟的特征是不仅在同盟内成员国之间相互取消关税，而且各成员国实行对非成员国的统一关税。根据雅各布·维纳的理论，这种区域经济一体化的形式具有以下的贸易效应。

1. 贸易创造效应

贸易创造效应是指关税同盟内部取消关税，实行自由贸易后，关税同盟内某成员国国内成本高的产品被同盟内其他成员国成本低的产品所替代，从成员国进口产品，创造了过去不发生的那部分新的贸易。以下图 4-1 加以说明。设 A、B、C 分别代表三个国家。纵轴 P 表示价格；横轴 Q 表示数量；S 和 D 分别表示 A 国国内的供应曲线和需求曲线。P_A 表示 A 国的价格；P_C 表示 A 国进口 C 国产品的价格；P_B 表示 A 国进口 B 国产品的价格。A 国与 B 国组成关税同盟前，A 国从 C 国进口商品，进口价格是 P_C，加上关税 P_CP_A，因而 A 国的国内价格是 P_A。A 国在 P_A 价格条件下，国内

生产供应量 S_0，国内需求量 D_0，供需缺口为 S_0D_0。A 国通过向 C 国进口 S_0D_0 数量的商品来达到国内的供求平衡。现在，我们来看 A 国与 B 国组成关税同盟所带来的贸易创造效应。A 国与 B 国组成关税同盟意味着两国间取消关税，实行自由贸易，并实施共同的对外关税。虽然 C 国的成本和价格比 B 国低，但是，如果共同对外关税能达到这样一种效果，即从 C 国进口的加上共同对外关税后的实际价格比从 B 国进口的价格高，显然，A 国的贸易商就会从 B 国进口商品，而不会从 C 国进口。A、B 两国组成关税同盟后，由于 A 国从 B 国进口的价格 P_B 比同盟前的进口价格 P_A 要低，导致国内价格下降至 P_B 水平。在 P_B 价格水平上，A 国国内生产供应量缩减至 S_1，国内需求增加至 D_1，A 国进口 S_1D_1 量的商品来满足国内需求。把 A 国参加关税同盟前的进口量与参加同盟后的进口量相比，我们可以看到 A 国增加进口量 S_1S_0 和 D_0D_1。这部分增加的进口量就是贸易创造效应。贸易创造效应通常被视为一种正效应。因为，A 国国内商品生产成本高于 A 国从 B 国进口的商品生产成本。关税同盟使 A 国放弃了一部分商品的国内生产，改为由 B 国来生产这部分商品。从世界范围来看，这种生产转换提高了资源配置效率。

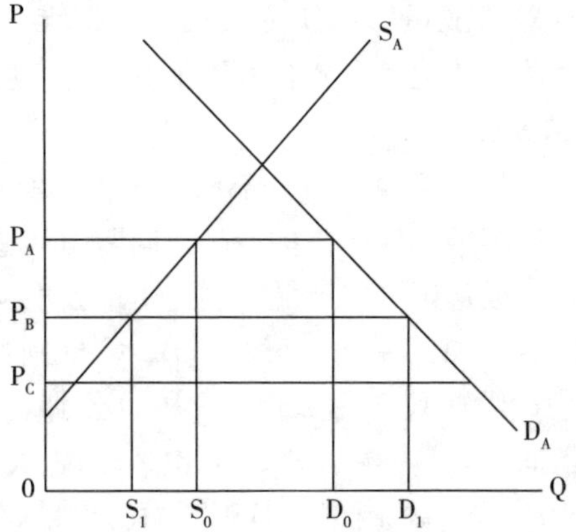

图 4-1　关税同盟的贸易创造效应和贸易转移效应

2. 贸易转移效应

是指由于关税同盟对内取消关税，对外实行统一的保护关税，成员国把原来从同盟外非成员国低成本生产的产品进口转为从同盟内成员国高成本生产的产品进口，从而使贸易方向发生了转变。我们仍以图 4-1 来加以说明。A 国与 B 国组成关税同盟后，由于 P_B 低于 P_C 与共同对外关税之和，A 国就不再从 C 国进口，而转向从 B 国进口。S_0D_0 的商品数量原由 A 国从 C 国进口，关税同盟后改为 A 国从 B 国进口。这就是贸易转移效应。贸易转移效应通常被视为一种负效应。因为，A 国从 C 国进口的商品生产成本低于 A 国从 B 国进口的商品生产成本，贸易转移导致低成本的商品生产不得不放弃，而高成本的商品生产得以扩大。从世界范围来看，这种生产转换降低了资源配置效率。

第五章 >>>

农产品品牌概况

内容提示：本章首先讲述了中国农产品分类和品牌分类；其次介绍了我国农产品品牌发展特点、农产品品牌发展中存在的问题；最后给出应对这些问题的策略。

第一节　农产品品牌的主要分类

农产品品牌是指农业生产者或经营者在其农产品或农业服务项目上使用的，用以区别其他同类和类似农产品或农业服务的名称及其标志。因此，一个农产品品牌，首先应该有一个属于它的农产品，并以商标等要素围绕该产品形成一系列的符号体系，建成整体的品牌识别系统；然后通过传播形式到消费者及利益相关者，让他们对产品产生识别、理解与消费的行为。只有当产品、符号体系与消费者、相关利益者之间构成了牢固的、正面的认知与消费关系，才能成为一个独特的、有价值的农产品品牌世界。

一、农产品的概念

（一）农产品的概念

农产品是指种植业、养殖业、林业、牧业、水产业生产的各种植物、动物的初级产品及初级加工品。具体包括种植、饲养、采集、编织、加工以及捕捞、狩猎等业的产品。这部分产品种类复杂、品种繁多，主要有粮食、油料、木材、肉、蛋、奶、棉、麻、烟、茧、茶、糖、畜产品、水产品、蔬菜、花卉、果品、干菜、干果、食用菌、中药材、土特产品以及野生动植物原料等。

（二）其他相关概念

1. 初级农产品

初级农产品是指种植业、畜牧业、渔业产品，不包括经过加工的这类产品。初级农产品包括谷物、油脂、农业原料、畜禽及产品、林产品、渔产品、海产品、蔬菜、瓜果和花卉等产品。

2. 初级加工农产品

初级加工农产品是指必须经过某些加工环节才能食用、使用或储存的加工品，如消毒奶、分割肉、冷冻肉、食用油、饲料等。

3. 名优农产品

名优农产品是指由生产者自愿申请，经有关地方部门初审，经权威机构根据相关规定程序，认定生产的生产规模大、经济效益显著、质量好、市场占有率高，已成为当地农村经济主导产业，有品牌、有明确标识的农产品。

产品种类包括粮油、蔬菜、瓜果、畜禽及其产品、水产、棉麻、花卉、药材、食用菌、种子、苗木等。

4. 转基因农产品

转基因农产品是指利用基因转移技术，即利用分子生物学的手段将某些生物的基因转移到另一些生物的基因上，进而培育出人们所需要的农产品。

转基因技术应用于农业生产，可以让农产品的产量和质量来一次革命性的提高，也就是说利用转基因技术将某些生物的基因转移到其他物种中去，可以改造植物和动物的遗传物质，使其性状、营养品质、消费品质等方面向着人类所需要的目标转变。可以降低生产成本，增加生物的抗病虫害能力；可以提高单位面积产量；可以使生物的品种更加丰富。

但是，人们对转基因农产品是否会影响人类的生存安全感到担心：担心转基因农产品里出现的新成分会影响人们的身体健康；担心转基因技术危害人类以外的其他生物，如抗虫棉作物对人无害，但棉铃虫减少以后，靠吃棉铃虫生存的生物会不会饿死？如果饿死，那就破坏了生物的多样性；担心转基因动物和植物会影响生态环境的和谐。例如，抗除草剂基因导入农作物，能让我们更放心地使用除草剂，但是，抗除草剂基因如果导入了杂草，会不会产生任何药也杀不死的超级杂草？

专家们一直认为，转基因农产品对人的自身健康不会有不利影响。每一种转基因农产品从试验到大面积生产，要经过一层层严格的安全检查，可以放心使用。我国2001年5月23日颁布实施的《农业转基因生物安全管理条例》规定，所有转基因农产品在进入大田生产之前必须向国务院农业行政部门申请领取农业转基因生物安全证书。同时，为了尊重消费者的知情权和选择权，我国从2002年3月20日起，开始实施《农业转基因生物标识管理办法》，要求所在中华人民共和国境内销售的转基因农产品及其加工品要做好标记。

从1996年世界上产生了第一批在大田里种植的转基因作物以来，全球转基因农作物的种植面积在短短的几年里就已经增长了25倍。其中，发展中国家的增长速度更快，2014年，全球转基因农作物种植面积达1.815亿公顷。

美国是转基因技术采用最多的国家。1998年美国的转基因作物就超过2 050万公顷。其中，转基因种子的播种面积，大豆、玉米、棉花分别占70%、22%和45%。阿根廷是大量采用转基因技术的第二个国家。截至目前，阿根廷75%的大豆播种面积采用转基因豆种。加拿大也是转基因农业发展迅速的国家。此外，世界上应用转基因技术比较多的国家有澳大利亚、墨西哥、西班牙、法国、中国和南非等。近年来，由于部分国家的消费者抵制转基因食品，美国等发达国家转基因农作物种植面积有所减少，但是，全球的面积和产量仍然呈上升趋势。

我国政府一方面支持进行转基因技术在农业生产中的应用研究，特别是转基因食品对人体健康影响的研究；另一方面对转基因农产品的规模化生产持谨慎态度，要求转基因农产品投放市场时必须进行标注，以便消费者自行选择。目前，我国的转基因棉花研究推广取得了明显的效果，其中抗棉铃虫的效果显著。转基因水稻试验研究取得了重大突破，单产水平明显提高。目前我国已获得进入商品化生产的转基因农产品主要有：抗棉铃虫棉花、耐储存番茄、抗花叶病毒的番茄和甜椒、转花色矮牵牛花等。

5. 免税农产品

免税农产品是指直接从事植物的种植、收割和动物的饲养、捕捞的单位和个人的自产农产品。

购买免税农产品的买价，只限于经主管税务机关批准使用的收购凭证的价款。购买农业产品单位在收购价格之外按规定交纳农业特产税，准予进入农业产品的买价计算进项税额。

现我国已取消了原设的特产税和农业税，对我国的农业产业结构调整和发展高效农产品产生了不可估量的促进作用。

二、中国的主要农产品分类

按传统和习惯中国一般把农产品分为粮油、果蔬及花卉、林产品、畜禽产品、水产品和其他农副产品六大类。

（一）粮油

粮油是对谷类、豆类、油料及其初加工品的统称。粮油产品是关系到国计民生的农产品，它不仅是人体营养和能量的主要来源，也是轻工业的主要原料，还是畜牧业和饲养业的主要饲料。粮食是人类生存和发展的最基本的生活资料。离开粮食，人类就无法生存，整个社会再生产就无法进行。我国人口众多，耕地面积少，解决和保证吃饭问题显得尤为重要。

我国粮食有 20 多种，产地分布广泛，长江流域和长江以南是稻米主要产区，黄河两岸是小麦主产区，东北、内蒙古和华北地区盛产玉米、大豆和杂粮，东北水稻、玉米、大豆誉满全国。我国利用植物种子作油料原料的有大豆、芝麻、花生仁、棉籽、菜籽、葵花籽、玉米胚等，而芝麻油是一种香料油，又称为香油。

按粮油植物学科属或主要性状、用途可将粮油分为原粮（禾谷类、豆类、薯类）、成品粮、油料（草本油料、木本油料及非食用油料、食用油料）、油脂（食用油脂、非食用油脂）、粮油加工副产品、粮食制品和综合利用产品七大类。又可分为主粮和杂粮、粗粮和细粮、夏粮和秋粮、贸易粮、混合粮等。农业是我国国民经济的基础，而粮油产品的生产是农业的基础。研究粮油产品的生产、加工、检验、储存和养护，对有效利用粮油产品资源，充分发挥粮油原料及其产品在人民生活和工业生产、农业生产中的作用，是我国经济建设的一项重要任务。

（二）果蔬及花卉

1. 蔬菜和果品

果品和蔬菜，尤其蔬菜是人们日常生活中不可缺少的副食品，它们所含有的营养成分对人类有特殊的食用意义，新鲜果蔬含有丰富的多种维生素和矿物质。食用果蔬不仅使人体摄取较多的维生素来预防维生素缺乏症，而且大量的钠、钾、钙等矿物质的存在使果蔬成为碱性物质，在人体的生理活动中起着调节体液酸碱平衡的作用。果蔬中所含有的糖和有机酸可以供给人体热量，并能形成鲜美的味道。果蔬中的纤维素虽不能被人们很好的吸收，但它们能促进胃肠蠕动，刺激消化液分泌，有助于人体的消化吸收及废物的排泄。很多果蔬还能调节人体生理机能，有辅助治疗疾病的作用。

我国地域辽阔，地跨寒、温、热三带，自然条件优越，气候、土壤和地形等自然环境条件适合于果蔬的生长发育，果树和蔬菜资源极其丰富。人们在长期的农业生产实践中还培育了许多优良品种，使我国果蔬种类多、品种全、品质佳而闻名于世界。如胶州大白菜、章丘大葱、北京心里美萝卜、湖南冬笋；山东苹果、山东大樱桃、辽宁国光苹果、河北鸭梨、吉林延边苹果梨、山东和辽宁山楂、浙江奉化玉露水蜜桃、山东肥城佛桃、广东和台湾的香蕉、菠萝，广东和福建的荔枝、龙眼，四川江津鹅蛋橘、江西南丰蜜橘、广西沙田柚等。这些果蔬风味各异，是享有盛誉的名果蔬。近年来，我国培育和改良了很多果蔬品种，同时引进了很多国外果蔬品种，丰富了国内果蔬资源，更加满足了市场需要。

蔬菜按食用器官可分为：①根菜类：如萝卜、土豆。②茎菜类：如莴笋、竹笋。③叶菜类：如小白菜、大白菜、大葱。④果菜类：茄子、黄瓜。⑤花菜类：主要有黄花菜、菜花。⑥食用菌类：如香菇、木耳。

按农业生物学可分为根茎类、白菜类、芥菜类、甘蓝类、绿叶菜类、葱蒜类、茄果类、瓜类、豆类、水生菜类、多年生菜类和食用菌类 12 类。

果品按果实构造可分为：①仁果类：如苹果、梨、山楂。②核果类：如桃、枣。③浆果类：如葡萄、香蕉。④坚果类：如核桃、板栗。⑤柑橘类：如柑、橘、甜橙、柚、柠檬。⑥复果类：如菠萝、菠萝蜜、面包果。⑦瓜类：主要指甜瓜、西瓜。

按商业经营习惯果品可分为鲜果、干果、瓜类以及它们的制品四大类。鲜果是果品中最多和最重要的一类。为了经营方便又把鲜果分为伏果和秋果，还分为南果和北果。

2. 花卉

花卉中的花和卉是两个含义不同的字，花是高等植物繁殖后代的器官，卉是百草的总称。花卉一词从字面上讲，就是开花的植物。《辞海》中解释花卉是“可供观赏的花草”。随着科学技术的发展和人们审美意识的发展，欣赏已不仅限于花，因而花的概念也随之扩大。广义上的花卉是指凡是花、叶、果的形态和色彩、芳香能引起人们美感的植物都包括在花卉之内，统称为观赏植物。但花卉一词人们已形成习惯，可一并使用。

根据花卉的形态特征和生长习性可分为草本花卉、木本花卉、多肉类植物、水生类花卉和草坪类植物。①草本花卉可分为一年生草花（如一串红、鸡冠花等）、二年生草花（如金鱼草、石竹等）、多年生草花（如菊花、荷花、大丽花等）；②木本花卉可分为乔木花卉（如梅花、白玉兰等）、灌木花卉（如月季、牡丹等）、藤本花卉（如凌霄、紫藤等）；③多肉类花卉常见的有仙人掌科的昙花、令箭荷花、蟹爪兰，龙舌兰科的龙舌兰、虎尾兰，萝藦科的大花犀角、吊金钱，凤梨科的小雀舌兰等；④水生类花卉常见的有荷花、睡莲、王莲、凤眼莲、水葱、菖蒲等；⑤草坪植物常见栽培的有红顶草、早熟禾、野牛草等。

根据花卉的观赏器官可分为：①观花类（如菊花、仙客来、月季等）；②观叶类（如文竹、常春藤、五针松等）；③观果类（如南天竹、佛手、石榴等）；④观茎类（如佛肚竹、光棍树、珊瑚树等）；⑤观芽类（常见的有银柳等）。

根据花卉的经济用途可分为：①观赏用花卉：花坛用花：如一串红、金盏菊等；盆栽花卉：如菊花、月季等；切花花卉：如菊花、百合等；庭院花卉：如芍药、牡丹等。②香料用花卉：如白兰、玫瑰花等。③熏茶用花卉：如茉莉花、珠兰花、桂花等。④医药用花卉：如芍药、牡丹、金银花等。⑤环境保护用花卉：具有吸收有害气体、净化环境的花卉，如美人蕉、月季、罗汉松等。⑥食品用花卉：如菊花、桂花、兰花等近百种，花粉食品方兴未艾。

（三）林产品

林产品是指把开发森林资源变为经济形态的所有产品。近代林产品主要是木材及其副产品，可分为两大类，一类是木材及各种木材加工制品，另一类是经济林及森林副产品。近代林产品把木材作为主产品，把其余称为副产品，这样，势必产生对其他林产品的强烈排他性，使林产品种类少、精品更少，林产业日趋萎缩。现代林产品是指把森林资源变为经济形态的所有产品，在不同的时空条件下，不是固定不变的，对林产品的生产有积极的作用。

木材是林业的基本产品。由于木材有良好的物理性能和多种化学成分，使它成为经济建设和人们生活中用途最广的材料。工业、农业、交通运输、建筑业等部门等行业的生产都需要木材。如煤矿业的坑木、枕木、建筑用木材、纸浆造纸原料、机械工业用材料、化工业材料，人们日常生活中所需的家具、工具、器皿、文化体育用具、乐器等。木材不仅是国民经济各方面基本的原料，而且自古以来就是人类社会重要的能源之一。虽然随着科学技术的进步，煤、石油、天然气、原子能、太阳能等飞速发展，但随着人口的增加，在今后较长的时期内，薪材的需要量仍然相当大。综上所述，木材及其加工品是国民经济中最广泛的一种基本材料，与国民经济各方面都有着密切的联系，木材的充分供给，是保证国民经济迅速发展的重要条件。

中国经济林分布广泛，从南到北、从东至西，各处都有。主要有乌桕、油桐、漆树、杜仲、毛竹、油棕、椰子、油橄榄、巴旦果、油楂果、香榧、油茶、山苍子、青檀、五倍子等。经济林产品主要有：①木本油料，如核桃、茶油、橄榄油、文冠果油等木本食用油及桐油、乌桕油等工业用油；②木本粮食，如板栗、柿子、枣、银杏及多种栎类树种的种子；③特用经济林产品，如紫胶、橡胶、生漆、咖啡、金鸡纳等。林化、林副产品种类更是繁多，如松香、栲胶、栓皮及各种药材、芳香油、纤维原料、编织原料、淀粉、食用菌等。此外，林区丰富的野生动物资源所提供的动物蛋白质、毛皮、药材以及观赏动植物等，都有着重要的经济意义和科研价值。

我国劳动人民从事经济林产品和林副产品的生产有着悠久的历史。这些产品对国计民生有着重大意义，很多产品是机械、电器、化工、国防军工、医药、食品、日用品加工等工业部门的重要原料，而且有的还是我国传统的出口物质。例如：①油桐是我国特有的油料树种，早在唐朝就有栽培记载。采用桐籽生产的桐油是优质工业用油，为制造油漆、防水制品、人造汽油等产品的重要原料。此外，桐油在农业、医药上也有广泛用途。我国油桐林面积约 133 万余公顷，每年可产桐油 15 万吨，占世界桐油产量的比重很大，是我国换汇率很高的大宗出口物资之一，在国际市场上享有很高的声誉。②松香是重要的化工原料，用于肥皂、造纸、油漆、塑料、医药、电气、化工、橡胶等行业，也是我国重要的出口物资。目前，世界松香年产量约 100 万吨，我国年产量约 30 万吨，占世界的 1/3 左右。③紫胶也是重要的工业原料，广泛用于国防、电气、油漆、塑料、医药等 30 多个工业部门。由于其具有绝缘性强，黏合力大，易溶于酒精和易干坚固等优点，其他原料无法代替。世界原胶产量约 3 万吨，我国约 3 500 吨，其中云南产量占全国 80%以上。④油茶是我国特有的木本油料树种，我国油茶林近 50 种，面积约 367 万多公顷，分布面积很广，年产茶油 15 万吨。茶油色清味香，不饱和脂肪酸的含量高，是优质的食用油。目前，世界上已经有一些国家实现或基本实现了食用油木本化，所以积极发展油茶、核桃、油橄榄等木本油料，是解决我国食用油不足的重要途径。⑤生漆也是我国著名特产，为传统出口商品。我国漆树林面积约 46 万多公顷，年可产生漆 2 800 吨。此外，林区出产的木耳、香菇、竹笋、干鲜果品、禽兽野味及珍贵毛皮、中草药材及野生观赏植物等产品，除了满足人们生活多方面的需要外也是出口换汇的重要物资。

（四）畜禽产品

畜禽产品从广义上讲，主要是指肉、乳、蛋、禽、脂、肠、皮张、绒毛、鬃尾、细尾毛、羽毛、骨、角、蹄壳及其初加工品等。但从狭义上讲，既从我国商品经营分工的角度来看，肉、乳、蛋、脂、禽属食品和副食品范畴，也就是我们这里所说的畜禽产品。皮张、绒毛、鬃尾、细尾毛、羽毛、肠衣属畜产品，而骨、角、蹄壳分别属废旧物资和中药材商品。

畜禽产品作为食品是人类动物蛋白的主要来源，为人类提供了丰富的营养。但这类食品由于富含蛋白质、脂肪、糖等，易于腐败变质，并且患病动物还带有致人患病的病源，会使人的健康遭受严重损坏，故需要严格的卫生检验。近几年来，由于国民经济的迅猛发展，农业和运输业逐渐实现了机械化，促进了饲养业的发展，为畜禽产品资源开辟广阔的道路。我国解决了人民温饱后，生活水平必然向更高标准发展，对畜禽产品的需求量愈来愈大，因而对畜禽产品的质量也提出了更高的要求。

（五）水产品

水产品是指水生的具有一定食用价值的动植物及其腌制、干制的各种初加工品。水产品，特别是鱼、虾、贝类等，自古以来一直是人们的重要食物之一。随着人们生活水平的不断提高和对蛋白质需求量的不断增长，水产品作为动物性蛋白质的来源，其重要性日益显著。

水产业是以栖息、繁殖在海洋和内陆淡水水域的鱼类、虾蟹类、贝类藻类和海兽类等水产资源为开发对象，进行人工养殖、合理捕捞和加工利用的综合性社会生产部门。我国沿海渔场的总面积达150万平方公里（2014年），占世界渔场总面积的23.7%。我国海洋鱼类约有1 700种以上，淡水鱼类有800种以上，其中有经济价值的有250多种，体型较大、产量较高的有50多种。我国发展水产业的方针是以养殖为主，养殖、捕捞、加工并举，因地制宜，重在保护。近年来我国采取了积极有效的措施，严格采取休渔制度，使我国的海水、淡水捕捞和海水、淡水养殖业持续稳定健康发展。

水产品按生物学分类法可分为藻类植物（如海带、紫菜等）、腔肠动物（如海蜇等）、软体动物（如扇贝、鲍鱼、鱿鱼等）、甲壳动物（如对虾、河蟹等）、棘皮动物（如海参、海胆等）、鱼类（如带鱼、鲅鱼、鲤鱼、鲫鱼等）、爬行类（如中华鳖等）。按商业分类可分为活水产品，包括海水鱼、淡水鱼、元鱼、河蟹、贝类等；鲜水产品，含冷冻品和冰鲜品，包括海水鱼、淡水鱼、虾、蟹等；水产加工品，按加工方法分为水产腌制品和水产干制品：包括淡干品、盐干品、熟干品，按加工原料分为咸干鱼、虾蟹加工品、海藻加工品、其他水产加工品。

（六）其他农副产品

其他农副产品主要是指除农产品的粮油、果蔬花卉、林产品、畜禽产品、水产品的主产品外的烟叶、茶叶、蜂蜜、棉花、麻、蚕茧、畜产品、生漆、干菜和调味品、中药材、野生植物原料等产品。

1. 烟叶

烟叶是烟草的叶片，是制作卷烟、雪茄烟、斗丝、鼻烟和嚼烟等烟制品的主要原料。烟叶经过初步加工（烤、晒、晾）即可供人们吸用，有兴奋神经、解除疲劳的作用。烟叶是卷烟、雪茄烟、皮丝烟、鼻烟、嚼烟等烟制品的基本原料；烟、烟蒂、烟籽、烟结、烟筋经过加工可提取烟碱，有杀虫、灭菌功效，烟茎可用于造纸、压制纤维板和提取活性炭等。

我国烟叶的种类很多，根据烟草品种和加工制作方法不同可分为：①经过人工控制热能并在专门的烤房内进行烘烤而成的烟叶的烤烟（初烤烟、复烤烟；清香型烟、浓香型烟、中间香型烟），烤烟主要用于制作烤烟型卷烟，少数用于制作混合型卷烟、斗烟丝和雪茄烟；②用日光露天晒制成的晒烟（晒黄烟、晒红烟、香料烟、黄花烟），晒烟主要用于制作旱烟丝、水烟丝、雪茄烟、斗烟丝，香料烟叶主要用做晒烟卷烟的配料；③在晾房内自然干燥而成的晾烟（白肋烟、武鸣整株晾烟、雪茄包中烟），晾烟主要用于生产混合型卷烟、雪茄烟、水烟丝和雪茄烟外包皮的原料。

2. 茶叶

茶叶是从茶树上采摘下来的鲜叶或嫩叶，经过加工，制成可供人们饮用，具有色香味和形状各异的成品茶。茶树属于茶科，属多年生的常绿植物。按树型可分为乔木型、灌木型和半乔木型三种。

鲜茶叶或嫩叶采摘后，必须经过加工才能成为商品茶。茶叶经过各种技术处理促使叶内的有效成分发生变化，形成具有不同的色、香、味、形的毛茶，称为鲜叶加工或称初制。毛茶经过筛分、拣剔、复火等技术处理后，分别加工成符合商品茶规格的各种花色和等级的成品茶，称为毛茶加工或称精制；还有用毛茶加工成不同等级的茶坯，与各种鲜香花配合通过窨制技术处理加工成为花茶。

茶叶和咖啡、可可是世界的三大饮料，其中茶叶作为饮料的历史最久、饮用的地区和人口最广、最多。我国是饮用和生产茶叶历史最悠久的国家，也是传统的茶叶出口国，享有“茶的祖国”之誉。茶叶含有水、矿物质、茶多酚、生物碱、糖类、蛋白质、芳香物质、色素、维生素、酶等物质。茶叶中的许多物质对人体健康都非常有益。常饮茶对人体大有好处，能起到营养保健的作用，可止渴散热、清心明目、提神解乏、溶脂除腻、利尿排毒、杀菌消炎、强心降压、补充维生素及防预辐射伤害等功效。据研究，茶叶里所含的多酚类成分能吸收放射性物质 Sr（锶），多酚类中的儿茶素还具有近似于维生素 P 的作用，能增强人体心肌活动和血管弹性，预防动脉硬化，对于某些类型的高血压也有一定的疗效。儿茶素制剂对肾炎、慢性肝炎和白血病也有辅助疗效。茶叶还有降低胆固醇、抗凝血和促进纤维蛋白溶解的作用，对冠心病患者有良好的作用。据近几年的研究认为，茶叶更具有抗癌的作用。

茶叶按制茶方法结合成品茶的品质特征分为七大类：①鲜茶叶经萎凋揉捻或揉切、发酵、干燥制成的红茶类，红茶按制法分为工夫红茶、小种红茶和红碎茶三种；②鲜茶叶经高温杀青，揉捻、干燥制成的绿茶，绿茶按制法分为锅炒杀青绿茶（炒青绿茶：炒干，如珍眉、贡熙、雨茶、秀眉、龙井；烘青绿茶：烘干，如毛峰、瓜片、碧螺春）和蒸气杀青绿茶（如玉露、蒸青）；③鲜茶叶经晒青、做青、炒青、揉捻、干燥制成的乌龙茶类，按制法和成品茶品质特征分为水仙（如武夷山水仙、闽北水仙、凤凰水仙、闽南水仙）、奇种（武夷奇种）、铁观音、色种（色种、包种）、乌龙；④茶叶经萎凋、干燥制成的白茶类，按茶树品种及叶子老嫩可分为白毫银针（大白茶顶芽制成）、白牡丹（大白茶，小叶种一芽二、三叶制成）、贡眉（大白茶，小叶种一芽二、三叶制成）、寿眉（小叶种单片制成）；⑤素茶（既花茶坯）经花窨制成的花茶类，按所用素茶品种可分为绿茶花茶（如茉莉花茶、珠兰花茶、白兰花茶、玳玳花茶等）、乌龙花茶（如桂花铁观音、茉莉乌龙等）、红茶香茶（如玫瑰红茶、荔枝红茶等）；⑥毛茶经筛分整形、蒸压成型的紧压茶类（如米砖、青砖、黑砖、茯砖、沱砖、花砖、紧茶、六堡茶等）；⑦用毛茶或鲜茶直接制成，可用于冷水或温水而无残渣的速溶茶类（如速溶红茶、速溶绿茶、调味速溶茶等）。

3. 蜂产品

蜂产品主要包括蜂蜜、蜂王浆和蜂蜡。

蜂蜜是蜜蜂采集蜜源植物花中蜜腺上的花蜜或其他分泌物，经过充分酿造而储存在巢脾中的甜物质。

蜂蜜有良好的药物用途。蜂蜜不含脂肪，适于心脏病患者服用。蜂蜜可补中益气，润燥滑肠，止咳解毒。对肺病、高血压、眼病、肝脏、痢疾、便秘、贫血、神经系统疾病、胃和十二指肠溃疡病等均有良好的辅助作用。蜂蜜外用可以治疗烫伤、滋润皮肤和防治冻伤。蜂蜜还有矫正不良气味和防腐作用，是中药丸的主要原料。蜂蜜是良好的营养食品，蜂蜜的主要成分是单糖，可直接被肠胃吸收，热量很高，强体力劳动者和运动员服用蜂蜜能减轻或解除疲劳。蜂蜜中含有蛋白质、维生素，能增强人体营养。蜂蜜中有多种矿物质，易被人体吸收利用。蜂蜜还广泛用于制作果脯、糕点、糖果、冷饮及酒类食品工业中。由于蜂蜜富含果糖，有吸湿性，因此，蜂蜜制作的糕点甜润酥松，富有特色。

按蜜源可将蜂蜜分为：花卉蜜（又称自然蜜）和甘露蜜。花卉蜜就是我们日常所说的蜂蜜，是从花卉中获取的花卉蜜，可分为单花蜜和杂花蜜。单花蜜如椴树蜜、枣花蜜、荔枝蜜等，杂花蜜又称混合蜜和百花蜜。甘露蜜是从同翅目的蚜虫、介壳虫等一类昆虫的排泄物中采集的蜜。

按蜂蜜的颜色可分为水白色、白色、浅琥珀色、黄色、琥珀色、深琥珀色、深棕色。

此外，还有一种毒蜜，虽很少见，但危害较大。一般认为雷公藤、藜芦、乌头、杜鹃蜜等是有毒的，要特别注意。

4. 棉花

棉花是纺织工业的重要原料，又是人们必需的生活资料。商品棉花指的是棉农出售的籽棉、皮棉和絮棉。带有棉籽的棉纤维叫籽棉。籽棉不能直接使用，需进行轧花加工使纤维与棉籽分离。经过轧花机把棉籽扎掉，所得的棉纤维叫皮棉，也叫原棉。皮棉是纺织工业的重要原料。皮棉经再加工可弹成絮棉。

按棉花的类别（即按棉纤维的粗细、长短）可将棉花分为细绒棉（又称陆地棉：细度为 18～25 微米，长度为 25～31 毫米）、长绒棉（又称海岛棉：细度为 14～22 微米，长度为 33 毫米以上）、粗绒棉（又称亚洲棉或非洲棉：细度为 20～30 微米，长度为 13～25 毫米）；按棉花色泽可将棉花分为白棉、黄棉和灰棉；按棉花的初步加工状态可将棉花分为皮辊棉、锯齿棉。

5. 麻

麻是麻类植物的总称，属于一年或多年生的草木纤维植物。麻纤维是指麻的韧皮纤维和叶纤维或经过加工（剥制和脱胶）制成的可用纤维。麻纤维是纺织工业的重要原料之一，在国民经济中占有重要地位。

麻按采用的部位不同可分为韧皮纤维和叶纤维。韧皮纤维是从双子叶植物茎部剥下来的纤维，质地柔软，又称软质纤维，如萱麻、黄麻、红麻、亚麻、大麻、青麻等。叶纤维是从单子叶或叶鞘中取出来的管束纤维，质地粗硬，又叫硬质纤维，如剑麻、蕉麻、假菠萝麻等。

韧皮纤维根据含木质纤维的多少分为木质纤维和非木质纤维两种。木质纤维比较粗硬，如红麻、黄麻、青麻，可制成麻布、麻袋、绳索等。非木质纤维品质柔软，如萱麻、亚麻、大麻等，可作为纺织原料。叶纤维粗硬，主要用于制绳索、造纸、织渔网等原料。

6. 蚕茧

蚕茧是蚕在化蛹前用吐出的丝结成的茧。用蚕茧缫得的生丝称为蚕丝。我国是蚕茧的发源地。早在五千年前，我们的祖先就利用蚕茧取丝织帛了。蚕丝纤维强韧而富弹性、细而柔软，具有良好的吸湿性、保暖性、绝缘性、耐腐性和化学稳定性。其制品光滑优美，染色鲜艳，穿着舒适，是优质纺织原料，是我国传统的出口商品。

蚕茧按蚕的品种可分为改良蚕、土改良蚕（又称自留蚕）、土蚕；按生产季节可分为春蚕、秋蚕、夏蚕；按蚕的初步加工可分为鲜蚕、半干蚕、干蚕；按蚕的质量可分为上蚕、次蚕、下脚蚕；按蚕的大小可分为大蚕、中蚕、小蚕、特大蚕和特小蚕。

7. 畜产品

畜产品是畜禽产品的副产品，是指具有实际经济意义的皮张、绒毛、鬃尾、细尾毛、羽毛、肠衣等产品。畜产品在国民经济中有着重要的作用。畜产品是工业的重要原料，如毛纺、地毯、制革、毛皮及制刷、制肠衣等轻工业。国防建设的重要物资，如背带、炮衣、马鞍用皮、武装带、子弹盒、军用皮包、飞行服、皮大衣、皮帽、皮靴、皮鞋、皮手套、滤油皮、拖拉重武器的皮带、各种炮刷、军舰卫生用刷、油漆刷等。满足人们生活的需要，人们生活水平的提高不仅表现在对肉、乳、蛋等动物性蛋白的需求量的大小，而且很大程度上反映在人们对畜产品占有量的高低，如人们日常穿戴的毛衣、毛料服装、长短皮大衣、皮帽、皮手套、皮鞋、皮包、腰带、文具和工具的毛笔、水彩笔、油画、化妆笔、胡刷、牙刷、衣服刷、油漆刷，和各种丝竹乐器的弓弦、各种劳保服装以及多种药品等都是畜产品制品。畜产品是我国传统的出口商品，如猪鬃、肠衣、小湖羊皮、山羊板皮、山羊绒、兔毛、羽毛等。大力发展畜产品的生产可以满足我国现代农业、工业、国防、人民生活的需要，促进国民经济的发展。

8. 生漆

生漆是天然漆，也称国漆、大漆。生漆是从漆树的韧皮部内割流出来的乳白色黏稠液体，是漆树的一种生理分泌物。漆树属于漆树科漆树属，是一种落叶乔木。生漆是我国著名的特种林产品，产区遍布全国十几个省，主要产地是湖北、四川、陕西、贵州和云南等省。

生漆漆膜坚硬而富有光泽，具有独特的耐久性、耐磨性、耐油性、耐水性、耐溶剂性、耐腐蚀性以及绝缘性等优良性能。这些优良性能是目前合成涂料所不能比拟的，故有“涂料之王”之称。可广泛用于国防工业、石油化工工业、采矿工业和地下工程、纺织印染工业以及漆制工艺品、研制新型涂料、修缮古代文物建筑等，经炮炙后的干漆作为中药用于治疗疾病和外伤止血等。

生漆按产地可分为毛坝漆（湖北利川、恩施、宣恩、咸丰、来凤等地）、建始漆（湖北建始、巴东、鹤峰、五峰、长阳、宜都等地）、西北漆（我国西北部）；按生漆的特性可分为大木漆和小木漆两类。

9. 干菜和调味品

干菜和调味品包括干菜、食用菌和调味三类。

食用菌是指能形成显著的肉质或胶质子实体并可供人类食用的大型真菌。人们从古至今都以菇、蕈、菌、蘑、耳等称之，如香菇、平菇、玉蕈、木耳、银耳、口蘑、松口蘑、凤尾蘑、猴头菌、羊肚菌、牛肝菌等。目前，全世界可食用的大型真菌有 2 000 多种，被人类所利用的有 400 多种，能进行人工栽培的有 50 多种，其中形成大规模商业性栽培的有 20 多种。食用菌是一种营养丰富并兼有食疗价值的食品，蛋白质含量丰富，介于肉类和蔬菜之间，所含的氨基酸种类较多。矿物质的含量也较多，尤其是磷的含量较高，有利于人体各种生理机能的调节。食用菌还含有较多的核酸和多种维生素，包括 B 族维生素、维生素 C 和维生素 D 等。此外，香菇、木耳、银耳、灰树花、猴头菌等许多食用菌还兼有多种特定的滋补保健作用和医疗功效。广义的食用菌还包括利用发酵作用进行食品加工的丝状真菌和酵母菌。

目前，我国是食用菌生产的第一大国，食用菌种类繁多，有 1 000多种大型真菌，其中具有食用价值约有 200 多种。并且，近年来不断地开发栽培新品种和从国外引进新品种进行人工栽培，使我国的食用菌种类和栽培的品种更加丰富。按照我国经营习惯可将食用菌分为木耳类和蘑菇类，木耳类包括黑木耳、银耳、黄木耳、金耳等，蘑菇类包括除木耳类以外所有的大型食用菌类，如香菇、口蘑、猴头菌等。

干菜和调味品在我国有着丰富的自然资源，广泛分布于全国的山林、草原和农村，是一项重要的农副产品。干菜和调味品不仅是国内的消费品，也是传统的、享有盛誉的出口产品。

10. 中药材及野生植物原料

中药材是指中医作为调剂处方、配制中成药所用的原料。其中大部分是只经过初步加工的原生药。根据性质不同可分为植物药、动物药和矿物药三大类。

我国地大物博，自然条件优越，中药材资源极其丰富，是巨大的天然药库。已知可供药用的植物、动物和矿物药有5 000多种，其中植物药约占90%。中药材的用途广泛，除了主要供医疗保健用外，在食品、饮料、香料、化妆品、染料以及农药等方面也广为应用。同时，中药材又是重要的出口物资，全国可供出口的中药材近500种。

野生植物原料种类繁多，分类方法很多。根据用途可分为以下几类：野生纤维类，主要是指各种禾草和竹子；野生脂肪油料及芳香油料，如苍耳。

三、农产品品牌分类

按照不同的分类标准，农产品品牌有不同的种类。

按照农产品加工程度不同，农产品可以分为初级农产品、初加工农产品及精加工农产品。初级农产品是指种植业、畜牧业、渔业产品，不包括经过加工的这类产品；初加工农产品是指经过某些加工环节食用、使用或储存的加工农产品；精加工农产品是指以初级农产品为原料，经过精深加工制作，使得农产品达到标准化的程度，并具有较高附加价值。相应地，农产品品牌可以分为初级农产品品牌、初加工农产品品牌及精加工农产品品牌。其中，初级农产品品牌又可进一步划分为瓜果蔬产品品牌、花卉苗木产品品牌、粮油产品品牌、食用菌产品品牌、畜牧产品品牌、水产品品牌等。

按面向市场不同，可分为出口型传统优势农产品品牌、国家战略安全型农产品品牌和内销型农产品品牌。出口型传统优势农产品品牌是以具有中国特色的传统优势农产品为主，以国际市场为导向，以出口创汇为目标所创建的农产品品牌；国家战略安全型农产品品牌是以满足国内需求为基础，以保障国内消费者基本吃穿用安全为目的，建立的大宗型农产品品牌；内销型农产品品牌主要是以服务国内市场为导向，以提高农产品附加价值，增加农民收入为目的，创建的农产品品牌。

按照品牌知名等级不同，可以分为地方级农产品品牌、地区级农产品品牌、国家级农产品品牌、国际级农产品品牌和世界级农产品品牌。地方级农产品品牌是指在某一地方范围内，如某一城市、某几个城市，或地、县范围内，创出名牌的农产品品牌；地区级农产品品牌是指在省（直辖市、自治区）范围，或几个省区范围内，创出名牌的农产品品牌；国家级农产品品牌是指在全国范围内创出名牌的农产品品牌；国际级农产品品牌是指在国际较大范围的多个国家或地区的目标市场上创出名牌的农产品品牌；世界级农产品品牌是指在全世界范围大多数国家或地区的市场上创出名牌的农产品品牌。

按照品牌拥有主体不同，可以分为企业农产品品牌和农产品区域公用品牌。企业农产品品牌是农产品生产经营者为了区分本企业产品与其他企业产品而设计的名称、标记、符号及其组合；农产品区域公用品牌，简称农产品区域品牌，是指在一个具有特定的自然生态环境、历史人文因素的区域内，由相关机构、企业、农户等共有的，在生产地域范围、品种品质管理、品牌许可使用、品牌行销与传播等方面具有共同诉求与行动，以联合提高区域内外消费者评价、使区域产品与区域形象共同发展的农产品品牌。

第二节　我国农产品品牌发展概况

农产品品牌的发展经历了简单商品经济时期的农产品品牌自发形成阶段、新中国成立后农产品品牌发展的淡化萎缩阶段、改革开放后的农产品品牌恢复发展阶段，以及入世后农产品品牌快速发展的阶段。在我国政府农业主管部门的高度重视下，农产品品牌建设在增强品牌意识、农业标准化生产与管理、带动基地建设以及增加农民收入等方面取得了很大成效。但也存在着品牌多、规模小；知名品牌少、品牌力弱；品牌科技含量低、附加值不高等一些问题。究其发展滞后的原因是多方面的。

一、我国农产品品牌发展阶段

我国农产品品牌历经多年的发展已经取得明显的进步，尤其是在2001年之后，中国加入了世贸组织，告别了计划经济和短缺经济的中国农业所要面对的国内外竞争压力也越来越大。国内外市场竞争同时对农产品的质量和安全卫生水平提出了新要求，以品牌为质量承诺标志的农产品生产经营表现得日益迫切。同时，农产品销售方式的变化也促进了品牌农产品的发展。传统的集贸市场将逐步减少，连锁经营、大型超市、现代化的农贸市场等新兴的零售业态将迅速发展。在大中城市，超市、连锁店销售的农产品数量已达总销售量的1/3以上，并且正在以较快的速度发展，成为城市居民购买农产品的主要方式。销售方式的变化，为有品牌的农产品提供了扩大市场份额的机会，同时也排斥了无品牌农产品的市场进入。尤其是2005年中央1号文件及时提出了“品牌整合、做大做强”的方针政策，中国农产品品牌进入了整合壮大阶段的快速发展期，此阶段农产品加工品品牌进一步整合做大，农业初级产品品牌凸现生机。

二、我国农产品区域品牌发展概况

（一）农产品区域品牌发展整体态势良好

1. 农产品区域品牌数量较多

截至2014年12月底，全国共有31个省、直辖市、自治区和新疆生产建设兵团等共计有3 775个农产品区域品牌，其中东部省份共有1 521个，中部省份共有1 041个，西部省份共有1 213个；水果类984个、粮油类577个、蔬菜类634个、畜牧业类524个、渔业类323个、茶叶类284个、其他类449个。从农产品区域品牌总体数量、分布区域和类别分布及其建设状况来看，我国农产品区域品牌数量多，区域分布广，种类涵盖全，品牌发展建设势头良好。

2. 农产品区域品牌有力促进区域农业经济升级

中国东部省份通过发展农产品区域品牌，优化了资源配置效率，巩固了农业产业集群，促进了农业产业集群结构升级，进一步优化了优势农业合理布局，促进农业由粗放注重数量型发展向集约注重质量型转变，形成规模化生产、标准化生产、科学化管理、产业化经营的农业产业现代化体系，有力促进区域经济的发展升级。我国中部省份利用农业规模化优势，大力发展农产品区域品牌，也促进农业产业发展升级，进一步延伸发展了产业产品链，提高了农产品质量水平，促进农产品原生资源价值的深度开发，使农业增效农民增收。我国西部省份利用自然地理区位优势和农产品原生资源优势，因地制宜发展农产品区域品牌，整合农业企业、生产基地、农户、涉农机构等实现集聚规模化发展，不仅获得农业产业聚集效应，而且降低市场交易成本，提高区域名优农产品附加值和市场竞争力。

（二）农产品区域品牌地域性强

农产品的生长对自然条件有较强地域依附性，我国幅员辽阔，各地地理条件和气候差异很大。农产品区域品牌作为某一地区特色农产品代表，具有较强地域性、公共性。根据各地区资源优势和经济发展程度不同，3 775 个农产品区域品牌大体上分为三类（图 5-1）：一是具有资源优势和经济优势的省份，如山东拥有品牌数量为 505 个、四川为 308 个、福建为 247 个、湖北为 244 个、浙江为 187 个、重庆为 162 个，这些省份拥有优越的自然地理条件，名优农产品种类多产量大，同时山东、福建、浙江地属沿海经济发达地区，四川和重庆也是西部大开发的重点发展区域，经济实力不

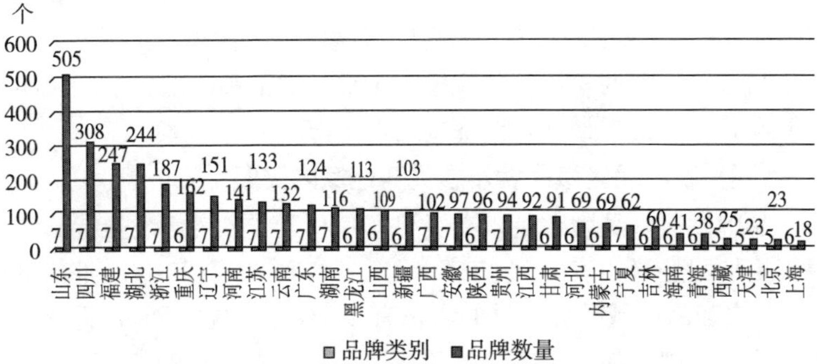

图 5-1　中国农产品区域品牌的地区发展差异

可小觑，能为农产品区域品牌发展提供充足的资金保障，由此使得这些地区的农产品区域品牌发展在全国名列前茅。二是资源与经济发展水平都属中等区域、或资源与经济发展水平互补中等区域，包括辽宁（151 个）、河南（141 个）、江苏（133 个）、云南（132 个）、广东（124 个）等 19 个省份，这些省份经济发展水平中等，但拥有优越的自然区位条件或悠久人文资源，基于名优农产品资源优势且资金较充裕，促进农产品区域品牌快速发展。三是资源弱或经济水平低的省份，如海南（41 个）、青海（38 个）、西藏（25 个）、天津（23 个）、北京（23 个）和上海（18 个）6 个省份。北京、上海、天津等农业资源少且因城市化发展太快而导致近郊农产品区域品牌发展萎缩。其余属自然地理资源条件弱和经济发展水平低的区域，虽然有一些名优农产品原生资源，但因缺乏资金而难以进一步推动农产品区域品牌较快发展。

（三）农产品区域品牌发展区域间差异大

3 775 个农产品区域品牌不均衡分布在全国 31 个省、直辖市、自治区（图 5-1）。东部省份包括山东、福建、浙江、江苏、辽宁、河北、天津、北京、广东、上海和海南 11 个省份区域，拥有 1 521 个农产品区域品牌，占比为 40.29%。中部省份包括山西、湖北、安徽、河南、黑龙江、内蒙古、吉林、湖南和江西 9 个省份，拥有 1 041 个农产品区域品牌，占比为 27.58%。西部省份包括四川、新疆、陕西、甘肃、贵州、重庆、青海、宁夏、广西、西藏和云南 11 个省份，拥有 1 213 个农产品区域品牌，占比为 32.13%。表明农产品区域品牌的整体发展规模在东部、中部和西部省份区域间存在差异，东部发展最好，西部次之，中部最后。

（四）农产品区域品牌发展优势地域内集聚

品牌发展（品牌数量）在资源禀赋和人文风俗传统独特的省份集聚更加明显（如表 5-1、表 5-2、表 5-3 所示）。其中，拥有超过 200 个农产品区域品牌数量的省份有 4 个，分别是山东 505 个，四川 308 个品牌，福建 247 个，湖北 244 个，占全国的 34.54%。东部省份品牌数量超过 100 个以上的省份有 6 个，分别是辽宁、山

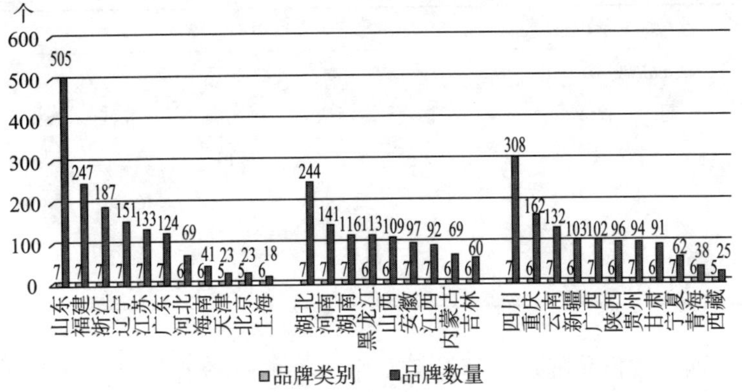

图 5-2　中国农产品区域品牌的东、中、西部区域的发展差异

东、福建、浙江、江苏和广东。其中山东有 505 个品牌，居全国省份区域首位。6 个省份的农产品区域品牌数量占整个东部省份拥有的农产品区域品牌总数的 88.56%，占全国的 35.68%。

表 5-1　东部省份品牌发展的区域内集聚度

区　　域	东部区域					
品牌总数	1 521					
超 100 省份	山东	福建	浙江	辽宁	江苏	广东
品牌数量	500	247	187	151	133	124
区域内占比（%）	33.2	16.24	12.3	9.93	8.74	8.15
	88.56					
全国占比（%）	35.68					

中部省份拥有农产品区域品牌数量超过 100 个以上的省份有 5 个，分别是山西、河南、湖北、黑龙江和湖南。5 个省份拥有的农产品区域品牌数量占整个中部省份拥有的农产品区域品牌总数的 69.45%，占全国的 19.15%（见表 5-2）。

表 5-2　中部省份区域品牌发展区域内集聚度

区　　域	中部区域				
品牌总数	1 041				
超 100 省份	湖北	河南	湖南	黑龙江	山西
品牌数量	244	141	116	113	109
区域内占比（%）	23.44	13.54	11.14	10.86	10.47
	69.45				
全国占比（%）	19.15				

西部省份品牌数量超过 100 个以上的省份有 5 个，分别是四川、重庆、云南、新疆和广西。其中四川有 308 个品牌。5 个省份拥有的农产品区域品牌数量占西部省份所拥有的农产品区域品牌总数的 66.53%，占全国的 21.38%（见表 5-3）。

表 5-3　西部省份区域品牌发展区域内集聚度

区　　域	西部区域				
品牌总数	1 213				
超 100 省份	四川	重庆	云南	新疆	广西
品牌数量	308	162	132	103	109
区域内占比（%）	25.39	13.36	10.88	8.49	8.41
	66.53				
全国占比（%）	21.38				

（五）农产品区域品牌发展类别集中

参与品牌类别共分为七个类别中，水果类是最大的一类，有 984 个品牌，占品牌总量的 26.07%；依次是蔬菜类有 634 个品牌，占品牌总量的 16.8%；粮油类有 577 个品牌，占品牌总量的 15.29%；畜牧类有 524 个，占品牌数量的 13.88%；渔业类有 323 个品牌，占品牌总量的 8.56%；茶叶类有 284 个品牌，占品牌总量的 7.52%；其他类有 449 个品牌，占品牌总量的 11.89%。农产品区域品牌类别分布情况见表5-4。

表5-4　中国农产品区域品牌类别分布

	品牌类别						
品牌总数	3 775						
类别名称	水果类	蔬菜类	粮油类	畜牧类	渔业类	茶叶类	其他类
品牌数量	984	634	577	524	323	284	449
占比（%）	26.07	16.8	15.29	13.88	8.56	7.52	11.89

农产品区域品牌种类发展有如下特点：第一，产品类别发展呈多样化扩大趋势。数据表明：七大类产品中各类都有众多的农产品区域品牌，且每个类别的子类别中又有许多发展品牌。第二，农产品区域品牌的产品类别存在集中性。农产品区域品牌主要集中于水果类、蔬菜类、粮油类，三类中品牌数总占比达到58.16%，其中水果类占26.07%，蔬菜类占比16.8%，粮油类占15.29%。由此可见，我国农产品区域品牌主要集中以瓜果蔬菜、粮油畜牧产品等日常食品的初级农产品上。

三、我国农产品地理标志发展概况

我国是一个地产丰富，资源众多，人口庞大的国家，许多农产品、食品和手工艺品与产地的自然或人文因素有相当大的关联性。由于我国国土跨度极长、纵深极广，每个地区人文风俗和环境皆不相同，这就使产品丰富化、独立化和多元化。当我国最北部风吹雪舞的时候，南方却是春意盎然，西部黄沙连连而东方却水波荡漾，所以每个地区都其与众不同的农业及其附属产品。

农业历史悠久、农耕文化历史底蕴深厚、农业区域多样、自然生态环境独特、地域特色种类农产品繁多，我国具生产丰富多样的地理标志产品的条件。由于地理标志产品具有非常可观的价值，不仅在经济领域，更是在政治和文化领域，都能够帮助我国“三农”事业飞速发展，在农业国际化中占据一席之地。所以，地理标志认定和保护工作的进一步完善，对于我国的经济和社会的发展具有十分重要的意义。

目前我国工商总局负责地理标志的登记注册，质检总局负责地理标志的登记注册和质量检测，农业部负责登记注册、质量管理、产地保护、品种培育、技术支撑、农民培训、基地建设、文化挖掘、观光农业等多部分。三个部门建立联合认定机构，以发挥农业部、工商总局、质检总局各自优势及其作用，在各部门职责范围内分别承担地理标志保护的相关工作。各部门不仅要完成各自相关领域内的分内事，更要通力合作，共同保护具有地方特色的、拉动经济的、发展地区文化的地理标志产品。

近几年来，我国农产品地理标志数量也在逐年增长，如表5-5。

表 5-5　2008—2013 年我国各地区农产品地理标志数量变化

所在地	农产品地理标志工作机构	总数量	2008年	2009年	2010年	2011年	2012年	2013年
山东	山东省农产品质量安全中心	141	13	8	35	27	34	24
四川	四川省农产品质量安全中心	96	0	18	32	21	11	14
山西	山西省名优产品开发中心	89	12	0	19	22	5	31
黑龙江	黑龙江省农产品质量安全中心	85	11	14	13	17	15	15
江西	江西省农产品质量安全中心	60	0	0	29	16	0	15
湖北	湖北省农产品质量安全中心	59	10	2	10	8	8	21
新疆	新疆维吾尔自治区农产品质量安全中心	54	0	0	4	13	10	27
河南	河南省农产品质量安全检测中心	51	0	4	18	20	4	5

（续）

所在地	农产品地理标志工作机构	总数量	2008年	2009年	2010年	2011年	2012年	2013年
云南	云南省农产品质量安全中心	49	0	4	10	5	15	15
内蒙古	内蒙古自治区农畜产品质量安全监督管理中心	46	8	5	9	11	3	10
宁夏	宁夏农产品质量安全中心	46	26	0	10	3	2	5
青岛	青岛市农业委员会	40	0	0	24	9	3	4
陕西	陕西省优质农产品开发服务中心	40	15	0	8	9	4	4
甘肃	甘肃省农产品质量安全监督管理局	39	0	3	9	7	9	11
重庆	重庆市农产品质量安全中心	38	8	3	5	5	10	7
湖南	湖南省农产品质量安全中心	33	6	3	11	6	4	3
山东	山东省海洋与渔业厅市场与质量监管处	32	0	0	3	14	3	12
江苏	江苏省农产品质量安全中心	31	0	4	8	11	5	3
辽宁	辽宁省农委农产品质量安全监管局	23	5	0	4	5	7	2
广西	广西壮族自治区优质农产品开发服务中心	23	0	1	8	2	3	9
浙江	浙江省农产品质量安全中心	21	0	0	7	7	2	5

（续）

所在地	农产品地理标志工作机构	总数量	2008年	2009年	2010年	2011年	2012年	2013年
安徽	安徽省农业委员会	21	0	0	7	4	2	8
四川	四川省畜产品安全检测中心	21	0	0	2	8	9	2
青海	青海省绿色食品办公室	21	0	0	5	1	1	14

资料来源：北京市绿色食品办公室。

由表5-5可见，我国近些年来，各地区地理标志的申请工作均在开展，地理标志数量逐渐增多，以山东省为首，地理标志的增长势头凸显。

截至2014年12月，在三部委进行注册的地理标志产品数量如图5-3。

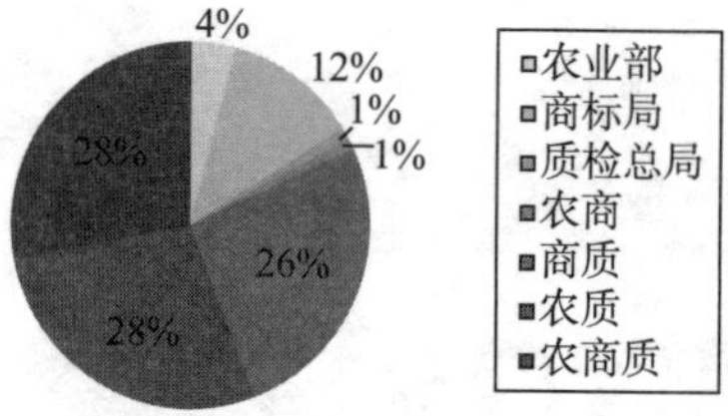

图5-3　我国三部委地理标志注册数量（截至2014年12月）

由图5-3所示，在三部委注册数量图中，可以看到在农业部、商标局、质检总局进行注册的地理标志产品，数量分别为832件、909件、883件，占总比例的26%、28%、28%，在商标局和质检总局注册的产品比在农业部的更多。在农业部和商标局共同注册的有141件，占到了4%；在商标局和质检局共同注册的有390件，占到12%；在农业部和质监局共同注册的有32件，占到了1%；在三部委都进行注册的产品为23件，占总数的0.71%。商标局和质检是地理标志产品注册的主要部门，共同进行注册，工商主要负责地理标志的商标，质监局主要负责产品的生产，对生产过程及相关标准进行认证。

表 5-6　全国各省份地理标志数量与产值

省份	数量（个）	产值总规模（亿元）	产值平均规模（亿元）
安徽	70	275.31	3.93
北京	17	47.44	2.79
福建	203	679.17	3.35
甘肃	88	244.52	2.78
广东	107	321.85	3.01
广西	88	235.28	2.67
贵州	69	250.21	3.63
海南	14	57.13	4.08
河北	70	328.97	4.70
河南	139	417.52	3.00
黑龙江	109	569.09	5.22
湖北	167	444.82	2.66
湖南	100	655.76	6.56
吉林	65	280.70	4.32
江苏	120	708.61	5.91
江西	94	553.92	5.89
辽宁	136	825.43	6.07
内蒙古	61	277.85	4.55
宁夏	52	159.15	3.06
青海	33	190.18	5.76
山东	392	1810.76	4.62
山西	87	172.13	1.98
陕西	98	534.97	5.46
上海	15	32.83	2.19
四川	302	1999.37	6.62
天津	18	36.43	2.02

（续）

省份	数量（个）	产值总规模（亿元）	产值平均规模（亿元）
西藏	13	20.78	1.60
新疆	76	194.60	2.56
云南	93	307.91	3.31
浙江	189	482.27	2.55
重庆	125	244.52	1.96

资料来源：《中国地理标志发展报告（2013）》。

由表 5-6 可见，我国各省份地理标志产品产值总规模与平均规模。在 2013 年年底，虽然四川省地理标志产品数量不是最多，但地理标志产品的总规模位居第一，达到 1 999.37 亿元，平均规模 6.62 亿元，比湖南省 6.56 亿元略微领先。

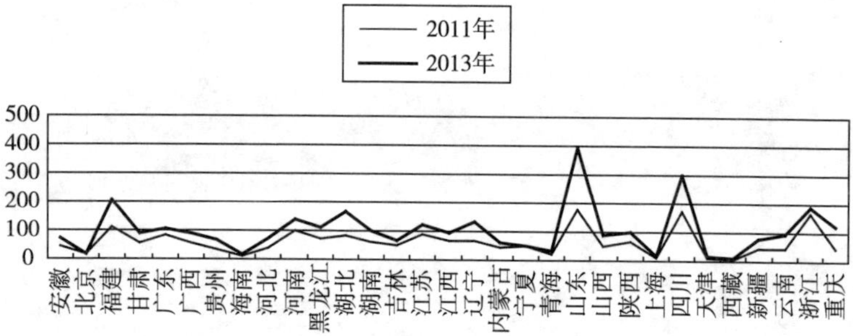

图 5-4 各省份地理标志注册 2011 年与 2013 年数量对比图

由各省份地理标志数量与产值表的折线图，可以清晰地看到，2011 年各省与 2013 年各省地理标志的数量增长幅度。2013 年山东省地理标志总量最多，达到了 392 件，增长幅度最大，达到 220 件；其次是四川省，由 2011 年至 2013 年增长了 120 件。而北京、海南、上海、天津和西藏地理标志产品数量极少，需要加强地理标志的宣传与推广工作。

我国地理标志产值总规模为 13 359.49 亿元，其中 100 大地理标志的产值总规模达 2 552.26 亿元，占全国总产值的 19.11%。

100大地理标志数量只有全国总数的3.1%，而其经济价值接近全国总值的20%。而在100大地理标志中为数最多的为山东13个、江苏11个、四川11个。北京、甘肃、吉林、上海、天津和西藏6个省市区没有100大地理标志。家禽类产品在100大地理标志中排名不佳，入围仅4种，南京盐水鸭、海南文昌鸡、清远鸡和肥西老母鸡，名次分别为12、24、60、80。

表5-7　全国十大类别地理标志数量产值与社会关注度表

类别	数量（个）	产值总规模（亿元）	社会关注度平均值（万信息单位）
茶叶类	236	718.54	41.36
酒类	95	2 122.79	85.82
粮油类	334	1 649.74	6.92
食品类	354	822.73	14.31
蔬菜类	514	1 294.41	9.96
水产品类	232	957.83	12.53
水果类	680	2 152.63	14.14
畜禽品类	324	1 123.43	9.31
中药材类	256	631.61	20.17
其他类	185	1 885.77	50.31

资料来源：《中国地理标志发展报告（2013）》。

从表5-7可以看到，畜禽产品数量位列第五，产值总规模位列第六，社会关注度平均值位列第九，在十大产品中十分落后，也表明了畜禽地理标志产品很少被社会所关注，需要从各方面提高畜禽地理标志产品的声誉。

四、农产品品牌发展中存在的问题

（一）农产品品牌发展受重视不够

我国农产品品牌发展还没有得到足够重视，主要表现在相关部门对农产品品牌的概念还很模糊，农产品品牌发展缺少全国性统一规划与国家政策指引。

本次按照省际统计的农产品品牌共有 3 775 个，而且都是以地理标志保护产品、地理标志证明商标和农产品地理标志等注册认证的名优特农产品。第一，对农产品区域品牌的概念认知还很模糊，不能确定所拥有的地理标志农产品是否是区域品牌。有些地方不知道自己拥有的名优特农产品可以注册发展农产品区域品牌，从而未能进入统计资格。第二，政府部门也存在模糊的品牌认知，思想停留在传统农业惯性模式，认为收获便是农业生产的结束、注册农产品集体商标和证明商标就完成了农产品区域品牌化，由此导致了对农产品区域品牌建设的指导和扶持缺乏长远规划和顶层设计。第三，对农产品区域品牌建设未形成齐抓共管局面，存在多头管理、分工不明确现象。仅就农产品地理标志评选认定而言，就有国家工商总局、国家质检总局和农业部三家的三个标准来评选认定。第四，我国农产品区域品牌主要集中在瓜果蔬菜、畜牧产品等日常食品等初级农产品上。第五，只发展以农产品地理标志为核心的区域品牌，只注重品类竞争和价格竞争。以上表明我国农产品区域品牌正处在自行发展、自我约束的状态，并未得到政府有关部门的统一领导和支持，农产品区域品牌发展建设缺少全国性的国家政策指引。

（二）农产品品牌产品链短

数据统计结果表明，我国农产品品牌的产品链比较短，绝大部分都是初级农产品。我国农产品品牌产品多以鲜活、未加工或初级加工的农产品为主，这说明我国农产品品牌原生资源价值的深度开发利用能力不足，或者说名优特农产品资源价值有待进一步深入挖掘的潜力很大。鲜活农产品区域品牌产品有着不易存储、不易远销和参与国际竞争能力不足的先天劣势。随着农业冷藏冷柜运输技术发展，这一劣势得到一定程度解决，但增加了农产品储藏运输成本，反而降低了农产品区域品牌产品的价格竞争力。鉴于大多数农产品区域品牌产品受季节性影响大，农产品区域品牌产品浅加工，鲜活农产品产季大量营销、市场竞争激烈，存在滞销价低问题；非产季容易出现断货、供不应求，这种波动不均衡影响了农业企业经济收益与品牌价值。美国大约70%的柑橘用来加工果汁，而中国仅有约5%的柑橘被用于果汁增值加工（兰徐民，2003）。因此，延伸农产品区域品牌产品链，增加农产品区域品牌产品附加值是农产品区域品牌发展必须被关注和亟需解决的问题。

（三）农产品品牌管理滞后

首先我国农产品品牌管理制度主要问题是管理机构多、认定机构不统一、品牌建设缺乏规范指导。我国对农产品品牌的认定，还没有统一的认定标准和权威的认定机构。与农产品区域品牌概念比较接近的农产品地理标志，目前中国有国家质监总局、国家工商总局商标局和农业部三个部委可以进行认证，三个部门均有各自的认证标准，导致部分农产品品牌重复认证，影响了认证的有效性。区域品牌的建设有政府主导的（成立专门的办公室或局），也有政府指导、企业牵头的，还有行业协会主管的，没有系统的管理，缺乏建设区域品牌的有效激励机制，企业或协会建设区域品牌的动力不足。区域品牌作为新兴概念近年来不断受到关注，但因其公共性特性及管理部门意识薄弱，目前对区域品牌的保护工作不甚理想。因此，理清管理制度，统一管理和认定机构，是我国农产品区域品牌健康快速发展的重要制度保障。

在实践当中，多部门的注册认证，认证标准不统一，导致我国农产品区域品牌的概念存在认知模糊性，易与地理标志产品、地理标志商标或证明等混淆。而且，品牌使用组织存在规模大小的问题，在多大区域内使用才具备资格也有待进一步界定。因此，农产品区域品牌概念需要统一的更加清晰的认定机构和认定标准。

参 考 文 献

刘建军.2005. 吉林省农产品品牌整合研究［D］. 长春：吉林大学.

刘剑.2004. 农产品品牌成长探悉［J］. 经济师（3）：33-39.

刘洁，等.2006. 区域性农产品品牌建设的营销主体研究［J］. 营销策略

（10）：34-41.
刘俊浩，李加明 .2008. 基于“钻石”模型的农业产业集群要素分析——以山东寿光蔬菜产业集群为例［J］. 农村经济（1）：47-49.
刘丽，周静 .2008. 基于产业集群农产品区域品牌建设的几点思考［J］. 农业经济（11）：32-35.

第六章 ›››

农产品品牌经典案例

内容提示：本章选取广东省德庆县打造极品贡柑品牌、北京市裕口禽业有限公司对品牌的不懈追求、咯咯哒的成功之道、山东平度市农产品“三品”发展之路、海南文昌鸡成功打造行业品牌、吉林省重树人参品牌的经典案例进行分析。

第一节 广东省德庆县打造极品贡柑品牌[1]

一、案例概述

历史上，德庆贡柑栽培始于唐开元年间，距今已有 1 300 多年的历史。据史料记载，宋绍兴年间，宋高宗到德庆府，品尝了德庆的地方特产柑橘后，连连称赞，此后德庆柑橘被尊为御用贡品，贡柑之称由此而来。据专家考证，德庆贡柑是橙与橘的自然杂交种，因而集橙的外形美观、色泽金黄、风味浓郁与橘的肉质细嫩鲜滑、表皮易剥、爽口无渣、甜度适中的双重优点于一身，口感极佳，兼有柚子清香爽甜的风味，是甜橙、糖橘、蜜柚三者优点的集成者。

德庆贡柑 2000 年 12 月，荣获“中华名果”称号；2002 年 9

---

① 德庆县政府官方网站 www.deqing.gd.cn；新闻资料整理 http：//dqaes.dqgjw.com/ViewProductArticle.aspx? id＝11http：//shop.bytravel.cn/produce/5FB75E868D2167D1/.

月，获得中国绿色食品A级产品认证；2003年10月，德庆县喜获“中国贡柑之乡”荣誉称号；2004年9月，荣获“广东省名牌产品”称号；2004年11月，德庆县荣获“中国柑橘产业十强县”荣誉称号；2004年11月，获得国家“原产地保护标记”注册认证；2005年1月，荣获“广东省著名商标”荣誉称号。

二、案例分析

德庆贡柑其品牌得到如此认可，主要在于以下几方面：

（一）发挥地利优势

利用地处北回归线以南，属亚热带季风气候区，气候温和，光热充足，雨量充沛，霜期很短，沙渍地、旱坡地多，最适合种植贡柑的优势，通过调整农业结构，大面积开发种植贡柑。

（二）发挥人和优势

通过加强领导，统一规划，分户经营，组织掀起群众性大面积种植贡柑的热潮。

（三）发挥科技优势

通过争取省、市科研院所、大专院校的技术支持，建立了皇妃贡柑无病毒育苗基地、贡柑提纯复壮中心、贡柑保鲜技术研究和推广中心，不断提高贡柑的产量和质量。

（四）不断扩大品牌影响力

为了加快贡柑产业的发展，提升产品知名度，增强市场竞争力，德庆县大力实施名牌发展战略，按照“中国第一柑”理念，积极将贡柑申报各种荣誉和参加各种品评活动，曾在北京人民大会堂、钓鱼台国宾馆、上海、东北、西北、华中等地举行各类推介活动，并在珠三角、长三角、京津、东三省、四川、重庆、港澳等50多个大中城市建立了130多个营销网点，同时也拓展了荷兰、英国、新加坡等海外市场，致力打造贡柑的品牌。

（五）运用现代化经营理念进行产业化经营

为了更好地参与国际市场竞争，该县于2000年成立了德庆皇妃果业有限公司，推行贡柑的产业化经营，把分散的贡柑种植户组织起来，形成规模生产，采用良种良法和先进技术，不断提高产品质量和竞争力；将贡柑的生产、宣传、保鲜、分级、包装、仓储、销售等环节有机结合起来，形成现代化的生产和销售模式。为适应现代化的要求，公司建立起皇妃牌贡柑的标准化生产体系和产品质量体系。根据标准化生产规程指导广大种植户科学栽培和管理，规范和监督皇妃贡柑的栽培管理过程。按照皇妃贡柑的产品质量标准，对产品进行分级包装和销售，以确保产品质量和信誉。

第二节　北京市峪口禽业有限公司对品牌的不懈追求[①]

一、案例概述

北京市华都峪口禽业有限责任公司位于北京市平谷区，是1975年北京市政府为解决百姓吃蛋难而建立的“菜篮子”工程项目，是北京市第一批集约化、现代化蛋鸡养殖场。历经三十多年的发展，形成集品种培育、种鸡生产、饲料加工、中式食品加工为一体的跨行业、跨地区经营的产业集群，建立了以实现客户增值为核心的“育繁推一体化”产业链运作模式；打造了“峪口蛋鸡”中国第一品牌和“峪口蛋鸡专用饲料”“皇宫”食品等知名品牌。

2008年“峪口禽业”被评为“畜牧业最具影响力品牌”；2011年“峪口禽业”被认定为“北京市著名商标”，在“2011年中国家禽业最具影响力企业”中排名第三，其中影响力指数高达85.8；2012年，“峪口禽业”被认定为“中国驰名商标”，峪口禽业品牌价值得到社会认可。

---

① 李华．2013. 北京市家禽消费者行为与品牌建设分析［M］．北京：中国农业出版社．

表 6-1　2011 年中国家禽业最具影响力企业

序号	名称	类型	地区	经营业绩	品牌影响	发展潜力	社会责任	影响力指数
1	广东温氏	黄鸡	广东	100	100	100	100	100
2	山东六和	肉鸡	山东	85	87	94	95	89.2
3	峪口禽业	蛋鸡	北京	75	91	95	93	85.8
4	圣农发展	肉鸡	福建	78	91	91	90	85.6
5	华都肉鸡	肉鸡	北京	77	86	93	94	85.4
6	民和股份	肉鸡	山东	76	87	92	90	84.2
7	神丹集团	蛋鸡	湖北	75	91	90	90	84.2
8	默沙东	动保	上海	76	84	90	92	83.6
9	华英农业	水禽	河南	76	91	85	88	83.2
10	瑞普生物	动保	天津	72	89	91	91	83

资料来源：http：//www.zgjq.cn/zt/ShowArticle.asp？ArticleID=305929.

峪口禽业公司一直以“引领中国蛋鸡行业健康发展”和“带动农民致富”为己任，历经十年于 2009 年培育出京红 1 号、京粉 1 号，4 年累计推广 16.42 亿只，被誉为适合中国饲养环境的优秀蛋鸡品种；历经 6 年于 2012 年培育出“京粉 2 号”蛋鸡新品种，已通过国家畜禽遗传资源委员会的审定，获得“畜禽新品种（配套系）证书”。3 个具有自主知识产权蛋鸡新品种的成功培育和推广，加快了蛋鸡品种国产化进程，从源头保证了国家种业安全。

二、案例分析

峪口禽业取得的丰硕成就与对品牌的追求是息息相关的。

（一）精准的品牌定位

1997 年峪口禽业退出商品蛋鸡饲养，进入蛋种鸡行业，做产品，树品牌，建标准，走出了一条中国蛋种鸡从小到大、由弱到强的发展之路。2000 年，峪口禽业率先在业内摸索建立了一套适合中国国情的《蛋鸡饲养管理规范》，建立了完善的技术标准、管理标准和工作标准。2002 年被认定为北京市农业标准化生产示范基地先进单位。2003年，国内首家建立行业《4A级雏鸡质量标准》，即雏鸡品种一致、健康水平一致、个体大小一致、抗体水平一致。2004年，我国蛋种鸡行业的成本上升，同时遭遇频发的疫情，但峪口禽业始终践行引领着蛋鸡行业健康发展的公司使命。2005年，峪口禽业蛋种鸡产业取得巨大成就，相继通过ISO9001体系认证，饲料产业通过ISO9001和HACCP体系认证。2009年，峪口禽业又摸索出集约化、规模化、标准化的生产模式，于2010年被认定为“国家农业标准化示范区”，品牌的管理与塑造具备了坚实的生产基础。“引领中国蛋鸡行业健康发展”始终是峪口禽业品牌的核心价值。

（二）积极实施品牌战略

峪口禽业公司实施“推广健康养殖”战略，其意义在于加强行业联合，实现资源共享，实现专业化服务，推动蛋鸡养殖业向着规模化、标准化、产业化、品牌化的方向发展。作为产业链的源头，峪口禽业拥有原种选育后备场1个、选育场1个、标准化祖代后备鸡养殖小区2个、祖代蛋种鸡养殖小区3个、祖代孵化单元1个。饲养纯系4万只，祖代30万套。峪口禽业采用父母代和商品代协同运作的生产模式以及所有代次、场区均实现两段式“全进全出”的饲养方式。

一直以来，峪口禽业都时刻坚持与时俱进的发展精神。2006年，为进一步提升标准化质量管理体系，实现生产过程中质量的可逆性追溯，公司率先在行业内开展良好农业示范（CAP）认证工作，被国家质检总局指定唯一参与GLOBALGAP家禽模块认证企业，顺利完成China GAP与GLOBALGAP互认验证工作。高品质雏鸡奠定了公司在客户心目中的地位：“世界品种＋峪口管理＝中国优秀蛋鸡”，成为客户给予峪口禽业的品牌特征。在峪口禽业的快速发展期，公司成功的奠定了自主品种的基础，强化了管理要素，其始终相信，只有适合自己的品种才是最好的。

（三）严格把控品牌

质量峪口禽业始终坚持“品牌是灵魂，质量即目标”的原则，坚持重资产自养，坚持运输车自备，坚持终端价格自控的质量控制理念，在各环节中努力克服质量控制难点，打造自有品牌的特色。

1. 品种引领

峪口禽业率先建立行业内领先的技术标准，用质量铸就品牌基石。为确保雏鸡质量，2002年，峪口禽业利用近30年规模化养鸡经验和数据积累，建立了标准化生产管理体系。随后率先在企业内建立4A级雏鸡，即：雏鸡品种一致、健康水平一致、雏鸡大小一致、抗体水平一致。最高质量标准作为雏鸡质量判断的标准，改变了业内没有雏鸡标准的现状。同时，峪口禽业结合30年蛋鸡养殖经验，研发、生产出了具有“专业、专一、专用”的三专功能性蛋鸡饲料，用独特的产品定位、优异的产品品质和跟随雏鸡的渠道服务增值蛋鸡产业。

目前，公司依托北京市蛋鸡工程技术研究中心，成立峪口禽业研究院，以保持品种先进性为工作核心，围绕“育繁扩推”全产业开展科技创新工作。研究院9个专业委员会在产业链各领域的实践优势、15个研究室庞大硕士团队的专业优势、与全国最著名科研院所和高等院校专家对接的资源优势，加上“找、立、研、评、推、申、发”的完善科技创新流程，为品种的持续领先、品牌的持续增值注入源源不断的动力。

2. 模式引领

在管理模式上，峪口禽业始终坚持集团化的管理模式，不断加强公司的组织能力建设。在生产模式上，采用全进全出的饲养模式，规模化、专业化的生产以及标准化的建设。全进全出的饲养模式对饲养管理工作提出了更高的要求。生产部门从完善制度上着手，大到一日的工作流程，小到喂料厚度都制定了详细的标准和考核制度，同时及时补充、修订各项应急预案，如防暑降温预案、雷雨天气应急预案、停电停水应急预案等。细化每一个操作细节，通过班前会、栋长会进行培训，并加大检查、考核力度，使全体员工都能够成为一名专业化的生产人员，为鸡群生产的稳定提供了有利保障。

3. 服务引领

2003年，峪口禽业率先在业内构建了“三全服务”体系，即：结构上的全方位、形式上的全过程、群体上的全员性，确保客户的鸡群高产、稳产，实现了售前、售中、售后的服务，从而提升客户忠诚度和产品品牌。

在技术层面上，通过集中授课、专家寻访、现场指导等形式，提高农户养殖技术和解决实际生产问题的能力。在信息层面，通过公司报刊、网站等形式，向客户和社会发布市场动态、疾病、管理、营销等信息。

2011年，公司成立了峪禽大学，大学的成立为服务工作常态化提供了一个最合理有效的载体。健康养殖学院的“1＋1＋1”服务模式，即通过开展“业务员＋代理＋客户”三类人群的培训，大力提升业务人员、代理的业务能力和服务水平，以更好对外推广健康养殖技术，为客户提供全面、专业、优质的服务，帮助客户用好料、养好鸡。

（四）多元化的品牌推广方式

峪口禽业采用的是“海陆空”一体化的宣传推广方式。海，就是通过举行产品推介会、客户交流会等，介绍产品特点、发布推广喜讯等，强化同行对产品由衷地认同；并利用蛋鸡行业发展大会、学术研讨会、产业交流会等平台，在科研院所、高等院校等层面，交流育种技术、分享育种成果，发挥科技辐射推广作用，赢得政府、专家、学者共识。陆，就是利用《峪禽人》季刊、《峪口蛋鸡饲养管理手册》和行业权威杂志等平面媒介，推广产品形象、介绍产品特点等，强化客户对“京红”“京粉”品牌记忆。空，就是利用网络、短信、光盘等多媒体平台，深刻、直观的传播产品品牌，让客户时刻了解产品相关技术和公司动态。

“海陆空”的一体化宣传，形成铺天盖地的密集式宣传网络，全方位系统冲击客户心智，提升了产品知名度。

（五）注重品牌文化建设

峪口禽业以其自有品牌引领中国蛋鸡产业的健康发展，其企业的文化魅力不可忽视。峪口禽业的企业文化核心——追求人与企业完美的价值融合。核心价值观——人为自己活着，但要为他人着想。指导思想——带动农民致富。使命宣言——我们追求人与企业完美的价值融合，用4A级的行业最高标准，物超所值的产品，全方位的服务，引领中国蛋鸡行业健康发展，全力打造行业第一品牌，最大限度的为社会创造价值，实现所有利益关系人的美好梦想。以其特有的价值观、产品观、市场观和服务观触动每一位客户的内心。

第三节 “咯咯哒”的成功之道①

一、案例概述

“咯咯哒”品牌隶属于大连韩伟企业集团有限公司，该集团公司始建于1982年。大连韩伟的创立是始于蛋鸡的饲养，凭借科学的饲养及良好的经营使养鸡场规模逐渐扩大，并于1992年8月组建大连韩伟企业集团有限公司。经过30多年的发展，集团已成为以畜牧业、蛋粉深加工业、海洋生态产业、生物有机肥业为支柱的大型企业集团。集团现拥有中国最大的现代化蛋鸡饲养企业、生物有机肥生产企业、世界最大的鲍鱼养殖企业、海龙涎、海洋生物保健品企业以及亚洲最大的蛋粉深加工企业。集团的蛋鸡饲养规模居全国首位，年蛋鸡存栏300万只，年产鲜蛋5 800万千克，产销率100%。主打产品“咯咯哒”鸡蛋热销全国100多个大中城市以及日本、东南亚等国家和地区。

二、案例分析

“咯咯哒”的成功不是偶然的，在大连，咯咯哒鸡蛋的市场份额占到了70%，“咯咯哒”的名字也为男女老幼所熟知。下面就具体分析一下“咯咯哒”的成功之道。

---

① 王芳.2010.大连农产品品牌传播研究［D］.大连：大连理工大学.

（一）抢占心智，“第一比做得好更重要”

过去在人们的印象中，鸡蛋这种产品是没有差异性的，最多只是品种上的差别——比如乌鸡蛋和柴鸡蛋，品牌鸡蛋更是闻所未闻。“咯咯哒”的出现打破了人们的传统观念，它告诉人们，鸡蛋也是有名字的。1997年“咯咯哒”的创始人韩伟在日本考察时发现，有品牌和没品牌的食品价格相差10～15倍，他从中得到启发：鸡蛋也可以做品牌。回国后，韩伟立即着手为鸡蛋注册商标。1999年“咯咯哒”品牌诞生，这就是中国蛋品行业第一个品牌，而它之后的成功与光环，也都得益于这个“第一”。

（二）令人拍案叫绝的品牌名称

“咯咯哒”是一个模仿母鸡下蛋叫声的拟声词，这就暗示了产品的性质，同时“咯咯哒”谐音“个个大”，说明鸡蛋个个都大，迎合了消费者对鸡蛋的心理预期。“咯咯哒”名字可爱，发音朗朗上口，便于传播，最重要的是，它的发音全世界都能听得懂。“咯咯哒”堪称品牌命名的经典案例。

（三）在产品上做好文章

好的品牌必须有良好的产品来支撑，否则也只能是昙花一现，很快就被市场淘汰。首先，从母鸡鸡种、饲养环境、饲料、防疫四方面严格把关，保证鸡蛋的安全。建立产品可追溯体系，每枚鸡蛋都有身份证明和资料库，方便消费者查找鸡蛋的源头，鸡蛋的蛋壳上面还有用食品级喷墨标示的生产日期。其次，精益求精，保证鸡蛋品质。市面上使用“咯咯哒”商标销售的鸡蛋，都是160日到400日龄的蛋，不符合标准的蛋则不能作为“咯咯哒”鸡蛋销售。引进高科技设备，即使是肉眼根本看不到的小裂纹，也都要一一检验出来，不能使“咯咯哒”有瑕疵。靠着良好的品质，经过了日本客商三年的考察，“咯咯哒”最终叩开了一向以严苛著称的日本市场的大门，即使在其检验标准提高到近700项后，“咯咯哒”依然经受住了考验。最后，细分产品，丰富产品类别。“咯咯哒”鲜蛋包括功能蛋、绿色蛋、有机蛋等。其中功能蛋分为敬老蛋、孕妇蛋、亲子蛋、VE蛋、爱宝蛋等，绿色蛋又包括海鲜蛋、草鸡蛋、土鸡蛋、山鸡蛋等，囊括了高、中端和大众各级别品种。2008年端午节，“咯咯哒”还推出了端午礼品蛋，让习惯了送粽子的人们感到耳目一新。

（四）强势出击，开展全国性品牌传播活动

2007年年底，“咯咯哒”启动了全国营销计划，开展了一轮声势浩大的宣传推广。

（1）“咯咯哒”的品牌USP独特卖点定为“山海湾畔，钻石级蛋产区”，强调产地优势。品牌传播广告语是“好山好水好鸡蛋”，而它的品牌形象代言则是一个可爱的卡通动物——围着印有“咯咯哒”字样围裙，挎着装满鸡蛋的篮子的母鸡。

（2）传播策略上，首先在大连当地主要采取报纸软文、户外广告、事件营销等方式，巩固和扩大市场。其次，立足知名媒体，打响全国知名度，开拓市场版图。2007年，“咯咯哒”在CCTV1黄金时间播出的开年大戏《闯关东》中播放贴片广告，在CCTV6播放广告片，冠名CCTV第二届乡约魅力人物颁奖晚会。同时，企业领袖韩伟也频频出现在央视、北京电视台、腾讯网、《中华工商时报》等媒体的专访栏目中，宣传“咯咯哒”。通过一系列的品牌传播和整合营销活动，“咯咯哒”的品牌知名度得到了极大地提升，销售网络覆盖增加了近70个城市，销售量也得到大幅提升。

（五）危机公关，转危为安

2008年，“咯咯哒”鸡蛋受三聚氰胺事件影响，销售量下降，在很多城市的超市遭遇下架。事件发生后，韩伟公开向消费者道歉，并迅速查找问题源头，销毁问题鸡蛋和饲料，引进专业检测设备，增加检测环节，严把质量关。此外，韩伟集团向公众开放，邀请消费者参观生产车间，并聘请消费者做“咯咯哒”的质量监督员。韩伟董事长甚至亲自到沈阳的超市促销鸡蛋，并现场吃生鸡蛋力证“咯咯哒”健康无毒。经过一系列的危机公关措施，近两个月后“咯咯哒”终于化解了危机，市场销售逐渐回暖。“咯咯哒”是

大连农产品品牌的杰出代表，它的成功对大连的农产品企业具有很好的借鉴意义。

第四节　山东平度市农产品“三品”发展之路①

一、案例概述

近年来，山东省平度市知名农业品牌如雨后春笋般从平度大地冒了出来，成为市场的“宠儿”，成千上万的农民也从品牌农业的发展中得到了实惠。目前平度市共有 30 多个农产品通过无公害农产品、绿色食品、有机食品认证，产量达 80 多万吨，产值 37 亿元，通过发展“三品”农业，帮助当地农户户均增收 1 700 多元。

发展“三品”农业的过程是个长期的系统工程。如果把安全食品比为一座金字塔，那么无公害农产品就是塔基，绿色食品是中间的塔腰，而有机食品则是最顶端的塔尖。经过几年的努力，平度农业已形成了这样一个“三品”农业的金字塔：处在塔基的无公害农产品有南村菱瓜、明村西瓜、祝沟樱桃西红柿以及顺科鸡蛋、召德牛奶、三统万福冻鸡系列畜产品等 20 种农产品获得认证；处在塔腰的绿色食品有“喜燕”花生油、“淳金”系列花生油、“佑昌”系列蔬菜等 11 种产品已获得认证；处在塔尖的有机食品认证被该市崔召镇的“桃花涧”牌茶叶摘得。同时平度市还为无公害农产品、绿色食品、有机食品“穿靴戴帽”，注册了商标。目前平度市已注册农产品商标 60 个。

二、案例分析

平度市的农产品品牌建设是新农村建设中解决如何推动生产发展，增加农民收入的典范，从中可以得出以下启示：

① 莫金玲．农产品品牌建设—山东平度农产品品牌战略的启示［J］．华南农业大学学报（社会科学版）（增刊）．2006.

1. 品牌建设是农业产业化经营发展的需要

山东平度市大力实施农业产业化，不断提升农业的核心竞争力，推动农村经济持续快速发展。平度市以发展农业品品牌作为实现农业产业化的手段。农业产业化是在农村家庭承包经营制的基础上，确立的市场经济条件下新的农业经营形式。这一形式的首要特征就是农业产业化经营必须以市场为导向，改变计划经济条件下形成的部门分割的管理与运行机制。平度市在农产品生产、加工、销售等环节充分体现了这一理念。农业生产经营适应“以销定产”“大规模生产、批量化与网络化销售”的特点，围绕某种商品生产，形成种养加、产供销、服务网络为一体的专业化生产经营系列，做到每个环节的专业化与产业化相结合。这使每一种产品都将原料、初级产品、中间产品制成最终产品，以品牌商品的形式进入市场，从而有利于提高产业链的整体经济效益。农产品在市场中实现价值的高低，是农业产业化形成、巩固与发展的关键。只有高质量的名牌产品才能具有巨大的获利能力，农业产业化经营才有活力。不仅如此，随着国外名优产品的进入，市场中的品牌竞争更加激烈。只有以创名牌为立足点，农业产业化经营才能抗御国外农产品的冲击。因此，农业创品牌是农业产业化和农业集约化经营的客观要求。

2. 品牌竞争力是提高农产品竞争优势的有力武器

平度市以“三品”作为发展农产品品牌的基础，结合地方特色，形成产品品质差异，从而提高该市的产品竞争优势。首先，不同品牌的农产品差别化程度越强，消费者就会对某些品牌形成一定的偏爱，使不同品牌农产品之间形成稳定的消费群体。品牌农产品吸引很多的消费人群，排斥非品牌生产者的进入，潜在竞争者遇到的进入障碍就更大，从而压缩非品牌农产品的市场份额。其次，国内外市场对农产品质量标准要求愈来愈高，消费者不仅要求农产品无污染，而且要求高营养，所以，消费者对高质量农产品的需求价格弹性比较小，有利于农产品生产者依据优质优价的原则制定高的价格，获取高的附加价值。再次，品牌农产品的需求收入弹性较大，即随着消费者收入水平的提高，消费者会倾向于购买品牌农产品；另外，品牌农产品的需求交叉价格弹性较低。这两方面就使品牌农产品面临较大的市场机遇。因为，随着人均收入的提高，社会对同质性强的农产品的需求不会随收入的提高而同步增长，而对具有不同质的品牌农产品的需求却会高速增长。

第五节　海南文昌鸡成功打造行业品牌①

一、案例概述

文昌鸡是以海南著名的“文化之乡”——文昌市地名命名的海南省地方优良肉鸡品种，位居海南“四大名菜”之首。2004 年 10 月 29 日，海南文昌鸡获得了国家原产地标记注册。2005 年 7 月 15 日，国家质检总局发布《地理标志产品保护规定》，将《原产地域产品保护规定》和《原产地标记管理规定》的地理标志管理合二为一，文昌鸡也因此正式纳入了地理标志管理。2012 年文昌市文昌鸡饲养量为 5 186 万只，产值 10.69 亿元，占该市畜牧业总产值的 71%。

二、案例分析

（一）政府积极完善相关的制度，建立了较为完善的文昌鸡生产、加工标准体系

为了促进文昌鸡产业发展，自 2003 年以来，文昌市委、市政府组织制定了《文昌鸡品种》《文昌鸡饲养管理技术规程》和《文昌鸡肉产品质量要求》3 项农业地方标准和一批文昌鸡加工产品企业标准，同时严格执行《无公害畜禽肉安全要求》和《无公害畜禽肉产地环境要求》等国家标准、行业标准，建立了较为完善的文昌鸡生产、加工标准体系，对文昌鸡生产的产前、产中、产后全过程实施综合标准化管理，做到“统一种苗、统一饲料、统一药物、统一防疫、统一屠杀”五个统一，取得较好的效果。

① http：//www.hiagri.gov.cn/sites/MainSite/.

（二）政府积极引导文昌鸡申请证明商标注册和地理标志产品保护

文昌工商局立足服务地方经济，积极引导文昌鸡申请证明商标注册和地理标志产品保护，先后向国家工商总局商标局申请“榕籽文昌鸡”“文昌鸡”“文昌鸡蛋”“文昌鸡饭店”4个商标。

（三）积极实施禽业补贴政策

当行业遭受冲击时，政府能够积极采取措施。由于受到禽流感的影响，文昌鸡的市场交易受到严重影响，销量锐减，活鸡价格也跌到冰点，成本价为每500克8元左右的活鸡，禽流感爆发时每500克只能卖到5.1元上下，养殖户平均每卖一只鸡就要亏本10元钱。针对H7N9禽流感对禽业发展造成的冲击，海南省委省政府高度重视，安排5 000万元扶持禽业发展。在省政府扶持政策的有力带动下，各市县政府、养殖企业和养殖大户、金融部门迅速行动，采取有力措施稳定禽业生产，禽业市场触底反弹，产销稳步回升，很大程度上增强了养殖户的信心，保护了文昌鸡地理标志畜产品。

第六节　吉林省重树人参品牌的经典案例[①]

一、案例概述

人参作为东北特产之一，在世界范围内产地范围很小。我国是世界上主要的人参生产国，而吉林省是我国栽培人参主要集中地区，产量占全国的85%、占世界的70%左右。20世纪80年代中期人参种植面积扩大，人参产量明显上升，企业及个体农户对人参产量的追求忽视了对其品质的改进，结果到90年代初人参产量超过了市场需求量，企业间开始了低价格的恶性竞争，“人参卖个萝卜价”的现象开始出现，人参产业开始走向下滑。为了振兴我国人

① 邱琪.2010.关于农产品品牌名称评价的探讨——以黑龙江农产品品牌为例[J].现代商业(21).

参产业，吉林省政府开始着手对吉林省内的人参相关产品品牌进行品牌整合，于2009年打造了以“吉林长白山人参”为名称的人参区域品牌，并在2010年颁布了《吉林省人参管理办法》。

二、案例分析

这里按“吉林长白山人参”区域品牌发展的潜伏阶段、形成阶段和成长阶段三个阶段来分别验证三个命题。

命题1：企业本身不能完成区域特有农产品产品品牌向区域品牌整合过程，这一过程需要政府的主导。

在区域特有农产品产量满足市场需求的前提下，政府需要引导企业逐渐形成区域品牌意识，共同维护区域特有农产品品牌形象。在潜伏阶段，“吉林长白山人参”因为历史因素与药用价值得到普遍关注，但由于社会发展、生产技术、生产规模、生产人员技能等因素的影响，使我国人参产量没有形成一定的规模。20世纪80年代初，适合人参种植的土地利用率只有1%，所以吉林省政府主要工作重点放在增加人参的产量上面，开始着手加强人参的种植，通过提高人参的产量，增加人参的产业总体价值，帮助一部分农民脱贫致富，使人参产业逐渐形成东北三省的支柱产业之一。1985年年底吉林省人参种植面积达0.84万公顷，年产量达5 165吨，是1982年产量的两倍。人参的区域品牌进入到形成阶段大概是在20世纪80年代中期，随着人参的生产技术发展，产量明显上升，1986—1990年人参产业飞速发展，吉林人参出现了产量过剩、供过于求的情况，不但人参及其副产品的价格开始降低，人参质量以及人参产品加工工艺等方面也开始出现问题，比如个体农户用饭锅加工等情况不断出现。20世纪80年代在吉林省出现过人参的衍生产品“人参蜂王浆口服液”，并且在消费市场上取得了一些成绩，得到了广泛的好评。不过，因为这种人参的衍生产品工艺简单，产品的利润丰厚，生产过程容易被其他企业复制，致使企业开始盲目地重复建厂，推出类似产品。两年间，生产人参蜂王浆的企业多达到56家，因为产品品牌繁多最终导致没有一种产品品牌做强做大。

人参及其副产品生产加工等方面出现的问题，使吉林省政府开始加强了人参生产企业的管理，在20世纪80—90年代，吉林省政府相继出台了有关人参产品的质量标准，如产品分等质量标准、育苗标准等，同时也制订了《人参优质高产栽培技术操作规程》来规范人参的栽培。因为企业自身因素所决定无法通过市场机制建立“吉林长白山人参”的区域品牌，所以吉林省人参产业在政府的领导下开始实现区域品牌整合。2004年吉林省人参已被国家有关部门批准为原产地域保护产品，定名为“吉林长白山人参”，并颁布了《中华人民共和国国家标准GB—T19506—2004》。2009年吉林省政府把吉林人参区域品牌取名为“长白山人参”，通过建立这一区域品牌，逐渐实现了吉林人参区域品牌整合过程，并促进了吉林省人参企业的发展与企业间的沟通，最终为整个区域带来了巨大的经济效益。

命题2：在区域特有农产品产品品牌向区域品牌整合过程中，政府行为会随区域品牌的发展逐渐增强。

根据人参区域品牌发展过程中不同的关注方向，政府不断采取相应的措施保证区域品牌整合的顺利进行。1982年8月中国农业科学院特产研究所召开了我国首次人参科研系统学术座谈会，政府部门联合国内多个研究机构指出了我国人参存在的单产不高、支头较小、栽培技术某些环节落后、病害较重、品种混杂等问题。根据当时存在的问题，1984年吉林省财政厅拨款85万元帮助6个参场建立了100多公顷的人参基地，还帮助企业从国外引进经济价值高的“西洋参”。在政府的帮助下人参产量满足了当时市场的需求，在此基础上政府开始着手促进人参企业的发展。1992年通化市招商局与中南海实业合作，台湾陈特事业机构在台湾为“吉林人参”打开市场，成立了中南海股份有限公司专门从事吉林人参的行销工作，帮助吉林省人参生产企业找到了新的出路。针对人参企业管理问题，政府加大了对企业监管力度及扶持力度，帮助企业认识到区域品牌的作用。吉林省政府通过品牌整合打造了“长白山人参”区域品牌的同时，提出“科技人参工程”概念，计划用5年时间投资

5 亿元（政府投资 2 亿元，企业配套投入 3 亿元），力争在人参本质科学研究、生产加工技术、产品开发三大方面实现突破，解决制约人参产业发展的科技瓶颈。此外，政府与企业之间对区域品牌的塑造进行了沟通，对打造“长白山人参”达成了共识。2012 年 1 月 15 日，首家“长白山人参”品牌产品专卖店在长春市开始营业，截至 2013 年年末已经有 19 家大型生产企业加入到“长白山人参”品牌中来。吉林省政府从一开始通过提供技术和资金的支持帮助人参企业提高人参产量，到帮助企业发展自身竞争优势、开拓海外市场，再到成为主导“长白山人参”区域品牌建立的主体，一系列的政府行为说明了在人参的区域品牌整合过程中政府的行为力度是逐渐加强的。

命题 3：随着区域品牌的发展，在不同阶段政府的行为会从不同方面为区域品牌带来新的品牌价值，并且政府行为所导致的品牌价值的增加会随着品牌发展而进行积累。

政府的一系列品牌整合行为会直接或间接地为人参企业以及区域带来利益。在潜伏阶段，在政府的鼓励下，人参的生产规模与产量逐渐增加，1986 年吉林省人参栽培面积 5 028 万平方米，产量 6 580吨，从 1981—1986 年 5 年间，人参种植面积每年平均递增 24.2%，总产量每年平均递增 22.4%，实现了人参产业价值的增长。在 20 世纪 90 年代的形成阶段，吉林省政府提出“两个五年计划”，通过科研单位、参场和高校的联合突破科研难题，开发出新开河人参、皇封参、长白山红参等名牌品种，推动了延边敖东、通化东宝、吉林参业等一大批人参龙头企业的发展。吉林省政府不再只关注于人参的生产与销售，更多地帮助企业发展，通过提高企业能力实现人参产业价值的增长。由于农业本身的分散性，使得企业间对塑造人参品牌形象没有达成共识，形成了企业间的恶性竞争，造成了人参产品受到不良企业的负面影响，最终出现了吉林省人参产业停滞不前的局面。同时国外人参产品开始进入我国市场，对吉林省人参产业造成了巨大的冲击。在区域品牌成长阶段，为了顺利地实现人参区域品牌整合，2010 年吉林省人民政府颁布了与区域品牌相关的法律条文——《吉林省人参管理办法》，为吉林省人参产业发展提供了法律依据。《吉林省人参管理办法》中明确指出政府将以高品质定位、高质量生产、高标准管理和广泛宣传等措施，定位和塑造“长白山人参”区域品牌。企业生产过程能达到相应标准而生产的人参产品都可以按有关规定对“长白山人参”区域品牌进行使用，通过塑造品牌内涵产生“长白山人参”区域品牌的附加价值。政府根据在人参品牌整合的不同阶段做出了侧重点不同的政府行为，逐步完成了“长白山人参”产业产量的提升、企业的发展以及区域品牌内涵的定义，实现了人参区域品牌价值的递增。

图书在版编目（CIP）数据

农产品贸易案例分析 / 李华，陈跃雪主编．—北京：中国农业出版社，2015.6（2022.3 重印）
ISBN 978-7-109-20764-6

Ⅰ.①农…　Ⅱ.①李…②陈…　Ⅲ.①农产品贸易—国际贸易—案例—世界　Ⅳ.①F746.2

中国版本图书馆 CIP 数据核字（2015）第 185279 号

中国农业出版社出版
（北京市朝阳区麦子店街 18 号楼）
（邮政编码 100125）
责任编辑　潘洪洋

中农印务有限公司印刷　　新华书店北京发行所发行
2015 年 6 月第 1 版　2022 年 3 月北京第 5 次印刷

开本：880mm×1230mm　1/32　　印张：6.5
字数：210 千字
定价：48.00 元